防災心理学入門

●豪雨・地震・津波に備える

矢守克也 Katsuya Yamori

An Invitation to Disaster Psychology

ナカニシヤ出版

はじめに

本書は，防災心理学の基本と最新の話題を一話読み切りのエッセイのスタイルで学べるように工夫した書物である。エッセイ一話の分量は，「ショート（Short）」（S）と名づけた短いものでわずか1ページ（700字程度），中程度の「トール（Tall）」（T）で2ページ（1400字程度），「グランデ（Grande）」（G）と銘打った長いものでも4ページ（2800字程度）なので，数分で読み切ることができる。各章あたり16本，4つの章の合計で64本のエッセイを収録してある。

近年，猛威をふるう自然災害による被害を少しでも軽減するため，地震，津波，大雨，土砂災害といった災害現象本体だけでなく，災害に立ち向かう人間や社会に関する知恵の重要性がますます増している。本書では，なかでも注目されている防災意識，災害情報，防災教育，リスク・コミュニケーション，復旧・復興といったテーマをカバーする防災心理学に関連する話題を取り上げた。

以下の通り，最初の3章は，豪雨，地震，津波に関する内容を順次取り上げている。

第１章　豪雨災害—逃げるべきか逃げざるべきか？
第２章　地震災害—南海トラフ地震に備えて
第３章　津波災害—3.11を繰り返さないために
第４章　災害心理—「わかったつもり」の一歩先

しかし，いずれの場合も，焦点を当てているのは，大雨，洪水，土砂崩れ，地震，津波といった自然現象そのものではない。人間や社会の準備や反応，被災後の回復過程など，防災心理学に関する事柄が議論の中心である。

最後の第４章は，防災心理学の本丸部分について，オーソドックスな議論よりもむしろ，これまでの常識を打ち破ろうとする最先端の内容を盛り込んである。よく耳にする議論の「その先」や，何となくわかったような気になっているあの言葉の「深層」を味わってもらいたい。さらに，新型コロナウイルス感染症（COVID-19）について正面から取り上げたエッセイも３つ収録しておいた。

また，４つの章の末尾には，それぞれコラムを置いた。これらは，2017 年から 20 年までの４年間について，各年の防災・減災事情を，年末恒例となっている「新語・流行語大賞」（主催：ユーキャン）にノミネートされた『ワード』（『括弧』で表記している）を使って振り返ったもので，苦心の作である。本書に収録したエッセイのもとになった原稿は，概ね，上記の４年間に書かれている。そのため，この４年間に発生した災害事例が多数登場する。それらに関する基礎情報を提供するとともに，各年の世相を読者に思い起こしていただきたいと思った。各章のエッセイ本体とともに併読いただければ幸いである。

最後に，本書には姉妹編となる既刊書が存在することを付記しておきたい。本書と同様，ナカニシヤ出版から 2017 年に出版された『天地海人―防災・減災えっせい辞典』である。「天・地・海」に生じる災害とそれと向き合う「人」の姿について書いた同書も，本書と同様，読みやすいエッセイ集の構成をとっている。文中で，［前著 - 海 1］などと記しているのが，それである。本書と併せて手にとっていただければありがたい。

目　次

第1章

豪雨災害

逃げるべきか
逃げざるべきか？

「豪雨」-G-1　その土地にとっての大雨

記録破りの大雨

ここ数年，甚大な被害をもたらす豪雨災害が，「毎年のように」ではなく，文字通り「毎年」発生している。2017年には，福岡県朝倉市などで大きな被害が出た九州北部豪雨が起こった。18年は西日本豪雨や台風21号災害（関西空港などで大被害）などが発生し，19年は東日本台風が長野県千曲川流域をはじめ広範囲に大被害をもたらした。加えて，2020年にも，熊本県球磨川流域などを中心とした大水害が発生した…。

豪雨災害への備えのために，雨量予測情報が重要であることは言うまでもない。たとえば，「明日朝までの24時間に降る雨の量はいずれも多いところで，九州南部で200mm，東海で150mm，九州北部，四国，近畿で100mmと予想されています」といった情報である。十分活用して備えてほしいが，ここにはちょっとした落とし穴もある。言いかえると，これらの情報を有効活用するためには，「もう一工夫」必要ということだ。

ポイントは，「雨量の絶対値よりもむしろ，その土地にとって大きな雨かどうか」である。もう少し細かく言うと，「その土地にとって，初めて経験するような，それまでの最悪記録（既往最大）を破るような大雨になるかどうか」。これが肝心である。

理由は2つある。第1に，近年，まさに，その土地にとって観測史上最大になるような大雨が増えてきたという事実がある。気象庁によると，2020年7月の九州豪雨では，熊本県など8県の計35もの地点で72時間雨量が観測史上1位となった。同月末の最上川水害のときも，山形県内の観測所で24時間雨量の記録が更新された。また，18年の西日本豪雨では，全国約1300箇所のアメダスポイントのうち，10分の1にあたる123もの地点で72時間雨量の記録が更新された。

要するに，近年，その土地に暮らす人が人生で一度も出会ったことのないような大雨，そこを流れる川やその町がかつて一度も経験したことがないような大雨が，頻繁に，かつあちこちで降っているのだ。気象学の専門家によれば，その一因は地球規模の気候変動にある。海水温の上昇が日本近海の水蒸気量の増加を招いている。球磨川流域の豪雨でも，東シナ海から空前の量の水蒸気がこの地域に送り込まれていたことが明らかになっている。

「これまで経験したことがない」は，今までは驚くに値することだったが，これからは，毎年，あたりまえのように，「これまでに経験したことがない豪雨」，「観測史上1位の大雨」を経験することになる。そういう社会に私たちは生きている。こう覚悟を決める必要がある。

犠牲者数との対応関係

観測史上最大が要注意である2つめの理由。それは，そういう場所でこそ，犠牲者が出やすいことがわかってきたからである。

2020年7月の球磨川流域での水害でもそうであった。この豪雨では24時間程度に集中して降雨があったので，24時間の雨量でチェックしてみた。たしかに球磨川流域は絶対量としても周囲の地域よりも多く雨が降っていたが，24時間雨量が過去最大を超えた率（既往最大超過率）が高い地域をマップ化すると，人的被害が多く出た地域とピッタリと重なることが明らかになっている（牛山，2020）。

もう1つエビデンスを示しておこう。上述の通り，18年の西日本豪雨では，全国のアメダス観測点の1割，123もの観測点で72時間雨量の記録更新があった。この123地点のうち約4割にあたる約

50地点が，愛媛，岡山，広島県に集中している。そして，この豪雨で犠牲になった263人のうち，205人（約8割）をこの3県だけで占めている。

他方で，この豪雨について，72時間雨量の絶対値を調べてみると，岡山県などの観測点は400mm前後のところがほとんどである。もっとも雨量が多かったのは高知県内の観測点で，3倍以上の1300mmも降っている。しかし，犠牲者が多く出たのは愛媛，広島，岡山の各県である。比較的雨の少ない瀬戸内地域で，「史上最悪の，これまで経験したことがない」大雨が降ったことが，多くの犠牲者を生んだと考えられている。

つまり，同じ雨量でも，その土地にとっての深刻さが違っていて，それが被害の「出る，出ない」に大きな影響を及ぼしているのである。喩えて言えば，これまで何度か39度の熱を出して，でもその都度，快癒した経験がある人が39度になるのと，生まれてこのかた37度にもなったことのない人が，いきなり39度になることとの違い，とでも表現できるであろう。自分にとっての平熱，微熱，高熱を知っていることが体温という情報の有効活用につながっている。それと同様に，雨量についても，ふだんから参照点となる数値（その1つが観測史上最大値）を知っておくことが大切である［豪雨-T-5］。

各地の最悪記録（既往最大）を調べておこう

したがって，「今後予想される24時間雨量」といった情報を聞くとき，それと同時に，自分が暮らす土地の過去の記録を調べておいて，今回の雨が「記録更新」につながりそうな雨かどうかという視点をもっておく必要がある。

たとえば，大阪市における24時間雨量については，これまでの最悪記録は約280mm，1時間雨量の最悪記録は77mmである。これに比べて，雨が多いことで有名な三重県尾鷲市は，24時間雨量が806mm（大阪市の3倍近く），1時間雨量が139mm（大阪市の2倍近く）と，随分大きな差がある（2020年8月段階での調べ）。だから，たとえば，「今後24時間の雨量予想，近畿南部（尾鷲市）で500mm，近畿中部（大阪市）で300mm」との情報をキャッチしたとき，大阪市で暮らすあなたは「南の方は大変だなあ，それに比べれば自分たちはマシ」などと思ってはいけない。

このように，雨の降り方には土地土地の癖があるのだが，それに応じて，雨に対する備えも土地によって違っていて，それが被害の出方に影響することも覚えておきたい。一例をあげれば，雨水を処理する下水の処理能力は土地によって相当異なる。下水施設は，全国的に見ると，1時間雨量50mmの雨に対応することを目標に整備されている市町村が多い。大阪市ではちょっと多めの60mm，しばしば大雨に襲われる高知市では80mm程度に対応できるように整備されている。一方，札幌市は35mm対応である。だから，1時間70mmの雨が高知で降っても何とか対応できるだろうが，大阪市ではマンホールから水が噴き上がり始めるだろうし，札幌市では町中浸水といった事態になりかねない。

最後に，この小論で鍵概念にしてきた「観測史上最大」，ないし業界用語で言う「既往最大」は簡単にチェックできることを付記しておこう。気象庁のホームページを訪ね，「各種データ資料」，「過去の気象データ観測」，「地点選択」（お住まいの土地の近くの観測点を選んでください），「地点ごとの観測史上1～10位の値」の順に進むと，目的の数値をチェックできる。自宅や職場の近くにある観測点（気象台やアメダスポイント）のデータを調べてみることをお勧めしたい。

「豪雨」-G-2　“空振り”と“素振り”

「逃げなくてもよかったのでは？」

2018年7月に発生した豪雨（西日本豪雨）の際，京都府京丹波町上乙見地区では，土石流や崖崩れに見舞われるなか，40名あまりの集落の住民全員が適切な避難で命を守りきった（図1-1参照，［豪雨-S-1］［豪雨-S-2］も参照）。この避難劇には，重要な伏線があった。それは，西日本豪雨の1年前，2017年の台風21号襲来の際の避難である。このとき，同地区に町役場から避難指示が発出され，多くの住民が隣の集落にある指定の避難所まで避難したが，災害は生じなかった。

だから，この出来事は，「避難指示は“空振り”だった，避難したが無駄足だった」と振り返ることもできた。実際，同地区に移住したばかりのある住民は，一年前の避難のとき，避難を呼びかけた消防団員に「わざわざ集落外まで逃げなくてもよかったのではない

図1-1　土石流による被害を受けた京丹波町上乙見地区（筆者撮影）

か」と漏らして，次のようにたしなめられたという。「×さん，この集落は雨のときは，ほんとに危ないんだよ，こういうときは古くから住んでるわしらの言うことを聞くものだ」。

「事実」ではなく「評価」

この住民と消防団員との会話は，きわめて重要なことを示唆している。それは，“空振り”は，「事実」の表現ではない，ということだ。“空振り”は「災害を予測する情報が与えられたが，実際には災害は生じなかった」という「事実」を表現しているのではない。そうではなく，その事実に対するネガティヴな「評価」を表明している。「事実」は変えられないが，「評価」，つまり，どのように，その「事実」の落とし前をつけるかは変えられる。消防団員の「たしなめ」は，まさに「評価」である。

この住民は，2018年の災害後，こう語っている。「すごい雨だったし，去年のこともあるので，消防団の方が来てくれて，ためらわず家を出た」と。昨年の「事実」に対する「評価」のあり方が重要だったのだ。

“空振り”が，当たり外れの問題ではないこと，つまり，「事実」の問題ではないことは，たとえば，自動車運転保険について考えてみてもよくわかる。1年間無事故だったから保険金は“空振り”だったとふつう思うだろうか。あるいは，「年に一度くらいは用心のために」と思って人間ドックに行って，「特に悪いところなし」との通知をもらって，今年の健診は“空振り”だったと感じる人もいないだろう。

本人（当事者）が主体的に何かを選択し行動した結果，その行動が結果的に直接的な利益をもたらさなかったとしても，逆に，一定の時間的，経費的コストを要したとしても，その「事実」が直ちに“空振り”に直結するわけではない。そうではなくて，他者（気象台や行政）に，「今が逃げ時かどうか，白黒つけて頂戴ね」と「お任せ」（依存）しておいたはずなのに，その信用が裏切られたとき，つまり，白の予測だったのに実際は黒だったとき，または，黒との指示だったのに実施は白だったとき，その落胆や憤懣，つまり「評価」が，“見逃し”（白のはずが黒），“空振り”（黒のはずが白）となって表出される。

繰り返しになるが，この意味で，“空振り”と“見逃し”問題は，「事実」ではなく「評価」の問題である。ところが，防災業界は，長年，この問題を「当たり外れ」，つまり「事実」の問題と認識し，当てるための努力を続けてきた。「事実」として「当てる」努力を重ねることはたしかに大切だ。しかし，“空振り”問題は，「評価」のあり方を工夫すれば，当たらなくても解消できる。この意味で，「事実」のレベルでの“空振り”を，事後の視点から見つけては，それを批判するタイプの研究や報道は生産的ではない。「事実」として“空振り”を撲滅しようとするのではなく，“空振り”に対する前向きな「評価」を醸成するための知恵を出し合うべきである。

“空振り”ではなく“素振り”

1つの試みとして，筆者は，“空振り”ではなく“素振り”と呼ぼうと提唱している。結果はどうあれ，事前に避難した人や地区は，将来の本番に備えるため，また，みなのお手本として，しっかり“素振り”（予行練習，トレーニング）を実施したととらえるのだ。たしかに，これは「表現」の問題に過ぎない。しかし，「今回も“空振り”の課題が残った」との後向きの構えばかりを醸成してきた従来の慣行を前向きに修正するために必要な「表現」変更である。

実際，2018年の西日本豪雨で，京丹波町に隣接する綾部市旭町ではこんなことが起きていた。崖の近くの住宅で暮らす高齢の母親（岩崎てるみさん）を，大雨情報が出たときなど，用心のために毎回，親戚宅に事前に避難させていた女性がいた。この避難は20回以上続けて“空振り”だった。つまり，何も起こらなかった。

しかし，2018年，ついに崖が崩れた。「(2018年7月) 7日未明。綾部市の天気は一変した。…（中略）…旭町に残っていた住民らは『ゴォー』というごう音を聞いた。集落正面の山が高さ約50m，幅約50mにわたって崩落。押し寄せた土砂はてるみさんの家を突き破って寝室に達した。市内最大の土砂崩れだった。てるみさんは『あそこにいたら死んでいた』とふり返る」(京都新聞，2018)。「あそこにいたら」からわかるように，幸い，このときにも避難は行われていた。京都新聞（2018）は，「早めの避難，母救った〜綾部の女性5年で20回空振りも…〜『続けてよかった』」との見出しを掲げて，この出来事について報じている。

このケースについて，20回までを“空振り”，言いかえれば，骨折り損のくたびれもうけ，無駄足だったと言うべきだろうか。もちろん，そうではない。いつ来るかわからないけれど，いつかやってくる肝心のそのときのために，何度でも“素振り”という名の避難の練習を繰り返しておくことが大切だ。このエピソードは，私たちに，そう語りかけている。

最後に，“素振り”にまつわるエピソードをもう1つ追加しておこう。2020年8月から9月にかけて，日本野球機構（NPB）は，防災科学技術研究所の協力のもと，防災週間に合わせて「備えよう！防災デー」というキャンペーンを実施した（日本野球機構，2020)。プロ野球選手が災害に対する備えを市民に呼びかける内容である。筆者が協力したのが，他ならぬ“空振り／素振り”に関するパートであった。メッセンジャーは東京ヤクルトスワローズの強打者村上宗隆選手で，ビデオクリップの中で村上選手が伝えたメッセージは，「避難の空振りは，大切な“素振り”」というものであった。

「豪雨」-G-3　ポテンシャルな豪雨災害に注目を

「FACP モデル」

これまで，豪雨防災研究は，大きな疑いを差し挟むことなく，犠牲者が出た事例（出なかった事例ではなく）を，あるいは，より多く犠牲者が出た事例（より少なかった事例ではなく）を，ほぼ自動的に研究対象として「選択」してきた。犠牲者軽減をゴールとする防災研究だから，不幸にして犠牲者が（より多く）出た事例に目を向けるのは当然のように思える。しかし，至極当然と思えるところにこそ落とし穴は潜んでいる。

この視点に立って筆者は「FACP モデル」と呼ぶモデルを提案

表 1-1　FACP モデルの概要

	災害現象が顕在化 大規模な浸水，土砂災害などが発生	災害現象が顕在化せず 左のような事態には至らず
人的被害あり	【フェイタル＝FATAL】 「致命的な，破壊的な」 ・西日本豪雨（2018 年）における倉敷市真備町，呉市など ・もちろん重要。牛山素行氏（静岡大教授）の犠牲者調査など ・ただし，ここに世間の目（研究，報道）が集中するきらいも	【アクシデンタル＝ACCIDENTAL】 「偶発的な，不慮の」 ・都賀川事故（2008 年），玄倉川事故（1999 年）など ・該当するケースは少ないはず ・他に，田畑，用水路の点検中の犠牲などのケースも該当
人的被害なし	【クリティカル＝CRITICAL】 「死活的な，分岐的な」 ・九州北部豪雨（2017 年）における朝倉市平榎地区，西日本豪雨における京丹波町上乙見地区など ・いわゆる「成功事例」。ただし，偶然の要素が併存し，それが生死（死活）を決定づけている場合も ・当事者が自覚している「ヒヤリハット」	【ポテンシャル＝POTENTIAL】 「潜在的な，陰に隠れた」 ・西日本豪雨や2013 年台風18 号（史上初の特別警報）における京都府桂川下流域ほか ・次の災害で「フェイタル」になりかねない潜在的予備軍 ・一部の行政担当者，専門家などを除いて「ヒヤリハット」だとの意識（自覚）がない点が課題

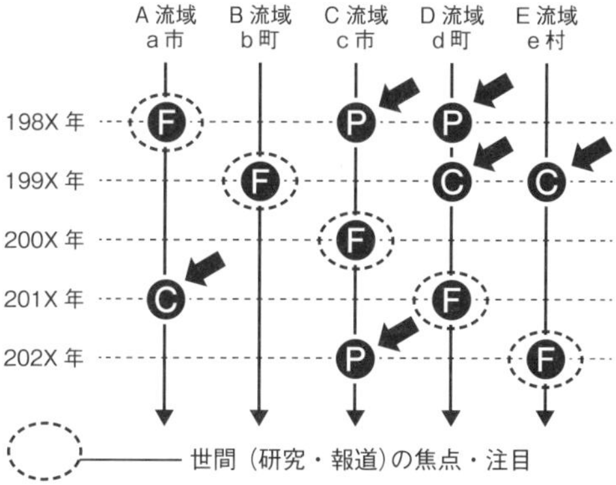

図 1-2　継時的に生じる複数の災害の位置づけ

した（表 1-1）。また図 1-2 は，一定期間内に生じる複数の災害をFACP モデルの観点から縦断的に位置づけた模式図である。

タイプ F（Fatal：「致命的・破壊的」）は，災害現象が顕在化し，人的被害が生じた事例（地区）のことである。上述の通り，従来の防災研究は，このタイプ F に（のみ）注意を向け，それを研究すべき対象として「選択」する強い傾向をもっている。しかし，その時々のタイプ F にのみ飛びつく姿勢には感心しない。

タイプ C（Critical：「死活的・分岐的」）は，「致命的（F）」と同等の災害現象が顕在化したものの，人的被害が生じなかった事例（地区）のことである。死活（生死）を決定づけた要因を，何らかの意図的な選択や判断の中に求めるのが，いわゆる「成功事例」分析であるが，偶発的な要素の介在も見逃せない。また，当事者が，多くの場合，それが「ヒヤリハット」であったと自覚・意識している点も，このタイプの特徴である。

タイプ P（Potential：「潜在的・陰に隠れた」）は，災害現象が顕在化せず，人的被害も（ほとんど）生じなかったが，「致命的（F）」

や「死活的（C）」と同等の災害現象の発生が十分に考えられた事例（地区）である。ただし，その可能性は，専門家などごく一部を除いてほとんど自覚・意識されていない。つまり，「ヒヤリハット」にすらなっていない点に最大の特徴がある。

タイプA（Accidental：「偶発的・不慮の」）は，災害現象が顕在化しなかったにもかかわらず，人的被害が生じた事例である。水路の点検に行って誤って転落したケース，河川区域内の遊歩道での被災など，例外的なケースである。

ポテンシャル（潜在的）な災害

防災研究にとって，大切な意味をもつのが「潜在的（P）」な事例である。たとえば，2013年の台風18号による災害，および，2018年の西日本豪雨災害において，京都市内を流れる桂川の下流域（それなりに報道された中流域の観光地嵐山周辺ではない）は，危機的な状況にあった。辛うじて大難は逃れたが，この事実は，一部の専門家を除いてほとんど知られていない。こうした事例こそ，次に「致命的」ないし「死活的」な事例になりかねない潜在的予備軍なのに，である。

どうしてこうなるのか。「致命的」では多くの犠牲者が出ているため，「死活的」も一種の成功事例であるため，社会の関心が向く。他方，「潜在的」では，幸い犠牲者は出ていないし，大規模な破壊もクリティカルラインのわずか手前でとどまっているため，起きていない。だから，それは，多くの場合，表には出ない疑似災害としてスルーされてしまう。

しかし，防災研究を実りあるものにするためには，その時々の「致命的」な事例にだけ狂騒的に関心を集中させるのではなく，同じ時点における「潜在的」な事例，および，「致命的」な事例（その土地）が，かつて「潜在的」な状況にあったと見なしうるケース（図

1-2 における c 市や d 町）などを冷静に見極めて，それら複数の事例に対して分散的に関心を向け，研究対象として「選択」することが必要である。

アンサンブル予測

幸い，この作業を実現しうるだけの学術的基盤も整備されつつある。「潜在的（P）」であったことを定量的に表現できる可能性が出てきたのだ。具体的には，アンサンブル気象予測の手法を，未来予測（フォア・キャスティング）ではなく，過去省察（バック・キャスティング）の方向で利用することで，西日本豪雨（2018 年）のときの近畿地方の降雨や河川の状況を事例として，以下の事実が見いだされている（本間ら，2019 など）。

あのとき，十分にありえた 51 の降雨シナリオ（その全体が「アンサンブル」）のうち，近畿地方北部の由良川流域では，最悪のシナリオで降雨・河川流出が見られたのに対して，中部の桂川流域では最悪から数えて 4，5 番目のシナリオで推移していた。しかも，両河川の流域は十数 km しか離れておらず，両者が入れ替わっていても不思議ではなかった。さらに，入れ替わっていたとしたら，桂川流域で大規模な洪水の可能性があった。しかし，桂川流域の住民はその事実をほとんど意識していなかった。

アンサンブル予測をバック・キャスティングすることは，「起こったこと／起こらなかったこと」という従来の二分法ではなくて，「十分に起こりえたが，（たまたま）起こらなかったこと」という，もう 1 つの「過去」像の形成に資する。実際に起きたことだけでなく，紙一重で起きなかったこと（「潜在的」な事例）に目を向けることこそが，不確実な未来に対する真の対処力を高めることにつながる。

「豪雨」-T-1　避難スイッチ

豪雨災害から身を守るための鍵は，もちろん，「避難」である。「避難」にはいくつかのポイントがあるが，煎じ詰めれば，次の2つのことが大切である。第1に，「いつ」逃げるのかというタイミングの問題，第2に，「どこに」逃げるのかという避難場所の問題である。

ここでは，「いつ」について考えよう（「どこに」については，次項［豪雨 -T-2］で取り上げる）。近年の豪雨災害では，わずかな時間に集中的に雨が降ったために，避難のタイミングを逸するケースが目立っている。また，2020年の熊本県球磨川流域の豪雨災害では，深夜から早朝にかけて，暗い時間帯に事態が急変したことが「いつ」に関する判断をいっそう難しくした。

「いつ」について考えるためのキーワードとして，筆者はかねてから「避難スイッチ」を提唱してきた（矢守，2018，2020）。「避難スイッチ」とは，「避難を実際に行動に移すためのきっかけになること」を指す。「避難スイッチ」として活用できる素材は主に3つある。

1つめは「情報」である。避難指示，大雨に関する警報，特別警報など気象に関する情報，さらには，河川やダムの水位情報なども「情報」に含まれる。2つめは「身近な異変」で，ふだん見えている川の岩が増水によって川の水の下に隠れて見えなくなるとか，いつも最初に浸水するコンビニの駐車場が浸水してきた，といった身のまわりで観察可能な出来事を指す。3つめは「人からの呼びかけ」で，隣の家の人が「もう逃げよう」と誘ってくれた，友人がSNSで「××町アブナイらしいよ」と伝えてきた，といったことである。

ここで大切なことは，「避難スイッチ」を予め決めておくことである。避難に向けて行動を起こすためには一定のエネルギーが必要である。誰しも「できれば避難せずに済ませたい」と考えたくなるものだからだ。よって，この情報を入手したら絶対に避難する，あるいは，近所でこういう様子を見かけたらみんなで避難準備を必ず始めるなどと，「避難スイッチ」を，事前に，かつ具体的に決めておくことが重要である。また，1人では決意が揺らぐこともあるので，家族，自主防災組織など，複数の人で「避難スイッチ」を共有して，「みんなで避難スイッチをオンにして，みんなで逃げる」というかたちにしておくことが望ましい。

たとえば，兵庫県宝塚市川面地区では，地域を流れる河川やため池に，「避難スイッチ」に使うための水位表示板を自分たちで設置して，自主防災会の対応訓練も行っている。三重県伊勢市辻久留地区では，「避難スイッチ」にすると決めた地区内の河川の水位情報を地元スーパーに設置したモニターでみなが平素から確認できるようにしてある。実際に避難することになる住民の生活空間に情報ツールを置いているのはいずれも，「ふだん」と「まさか」の連携を意識したものである［豪雨 –T–5］。

「避難スイッチ」が有効に機能した事例も多数存在する。たとえば，2017年の九州北部豪雨の朝倉市平榎地区（当時37世帯92人）の事例を紹介しよう。同地区でも，複数の住宅が流されたり床上まで浸水したりして大きな被害が出たが，住民は全員無事であった。その背景に，住民たちが自主避難のための「避難スイッチ」を作っていたことがある。実は，この地区では，5年前にも，川のそばにある住宅が床上まで水につかる被害が出た。そして，どうやらその住宅の周囲から浸水が始まることが多いことに気づいた。それ以来，住民たちは，この住宅の状況を避難のための目安にしていたのである。それが早期の自主避難，人的被害ゼロにつながったのだ。

「豪雨」-T-2　ベスト・スーパーベスト・セカンドベスト

前項［豪雨-T-1］では，「避難」の第1のポイント，「いつ」逃げるのかについて「避難スイッチ」をキーワードに述べた。本項では，もう1つのポイント，「どこに」逃げるのかという避難場所の問題について，「ベスト・スーパーベスト・セカンドベスト」をキーワードにして論じておこう。

災害から身を守るための避難場所として設定されているのは，市町村などが指定した学校，公民館などであることが多い。これらは，教科書通りという意味で「ベスト」な避難場所である。しかし，そうした「ベスト」な場所だけではなく，他にもっとよい避難場所，言わば，「スーパーベスト」な避難場所はないのかと探してみることも重要である。特に，最近は，新型コロナウイルス感染症の心配もあり，「三密」を避けるべく「分散避難」が呼びかけられているので，「スーパーベスト」の重要性はより高まっている。

たとえば，筆者の友人は，台風が接近しているとき，その前日には，低い土地に暮らしている高齢の両親を自宅マンションに呼び寄せることにしている。このご両親にとっては，子どもの家が「スーパーベスト」な避難場所である。

また，近年の豪雨災害でよく見られるように，気がついたときには「ベスト」の避難場所にはとてもたどりつけそうにない状況に周囲がなっていることもある。そのようなとき，次善の策として，自宅よりも頑丈で高い場所にある隣の家に身を寄せたり同じ建物の2階や3階に避難したりするのが有効である。こういった避難場所のことを「セカンドベスト」と呼ぶ。「ベスト」（最善）ではないけれど，土壇場で何とか身を守れそうな次善の場所という意味である。

こうした考えのもと，筆者らは，「セカンドベスト」の場所に逃げる訓練も提唱し，実施している。その１つが「ベスト」な避難場所に行くタイミングを逃してしまった場合に備えた，高齢者などを対象とする「２階まで避難訓練」である。この避難訓練は，その場所の最大予想浸水深が２階までは到達しないことを確認した上で，最悪の場合，２階へ逃げる練習をしておきましょうという趣旨で実施している（図 1-3 は，高知県黒潮町での実施例）。

実際，2018 年の西日本豪雨で，岡山県倉敷市真備地区では，２階建て住宅の１階部分で犠牲になった方も多数存在する。「ベスト」な避難場所に行けなくても，「セカンドベスト」としての２階へ避難していれば，あるいは避難するお手伝いができていれば……と悔やまれるケースも散見された。２階まで逃れる行動も，十分訓練に値するのだ。

さらに，こうした訓練には，標準的な避難訓練には参加するのが難しい方にも比較的容易に実施してもらえるという利点もある。「２階まで避難訓練」に参加した翌年に，「自信もついたので，今年はここまで来てみました」と，本来の避難訓練，つまり，「ベスト」な避難場所まで逃げる訓練に参加するようになった人もいた。「ベスト」（絶対安全）ばかりを追い求める避難場所指定や訓練が，逆説的に人命を奪っている恐れは十分あると認識すべきであろう。

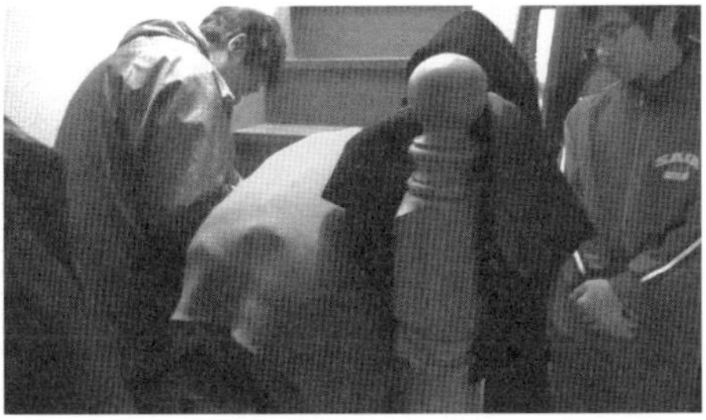

図 1-3　「２階まで避難訓練」の様子（高知県黒潮町）

「豪雨」-T-3　昭和の水害と2人の母

プライベートなことから書き始めることをお許しいただきたい。筆者の母2人（愛知県出身の実母と熊本県出身の妻の母）は両者とも，昭和に起きた大きな水害で危うく命を落としかけている。実母は，1959年（昭和34年），名古屋で伊勢湾台風に襲われ，義母は，1953年（昭和28年），熊本で白川大水害を経験している。

伊勢湾台風は，言うまでもなく，台風災害としては戦後最悪の死者数を数えた大災害である。このとき，母は，名古屋港からほど近い場所で木造の平屋建ての家で暮らしていた。筆者が生まれる前のことである。話を聞いてみると，近くの学校に避難すべきだったが，急に風雨が強まり避難できなかったとのことであった。やがて巨大な高潮が市街地を襲い，逃げ遅れた母は押し入れの天袋に上がり，一夜を明かした。身体の数10cm下まで水が迫っていた。貯木場から流出した材木が，夜通し，家に衝突する音が怖かったという。

伊勢湾台風がきっかけになって整備された施設に，富士山測候所（現在は閉鎖）がある。同台風の被害が甚大だった原因の1つとして，台風が急に脚を速めて大きな勢力を保ったまま接近してきた事実がある。少しでも早く台風の接近を予見できれば人命を守れるのに……そんな切実な思いがあった。

今，私たちは，衛星観測などによって，台風について質量とも当時をはるかに上まわる情報を事前に得ている。しかし，それを十分活用できているだろうか。そのことのありがたみを感じているだろうか。「また台風情報，やってる」と聞き流していないだろうか。

さて，白川大水害が発生した1953年，義母は，開店からちょうど1年を迎えた地元の百貨店に勤めていた。夕刻，義母は，繁華街のバス停で，帰宅のためバスを待っていた。しかし，バスはいっこうにやって来ない。義母は，自宅へ帰るのを諦め，百貨店から少し離れたところにあった叔母の家に歩いて向かうことにした。

義母の記憶では，雨はあまり降っておらず，完全に暗くはなかった。しかし，次第に周囲が浸水し始め，水に膝まで浸かって歩く状態になった。坪井川という中小河川から溢れた水であった。幸い，叔母の家にはたどりついたが，途中，道路沿いのショーウィンドウのガラスが，近くを流れる一級河川白川方面からどっと流れてきた濁流で割れる様子を見て，身の危険を感じたという。

熊本市内に土地勘のある方はお気づきと思うが，義母は，結果としては，随分危険なことをしている。念のため，現在のハザードマップで確認してみると，義母がこの日移動した坪井川と白川に挟まれたエリアは相当の浸水が見込まれると表示されている。防災上の観点から言えば，百貨店に残るか（当時，3階建て），あるいは，京町という台地に向かうのがベストだった。

もっとも当時は，水害時の避難場所を示した地図が各世帯に配布されていたわけでも，スマホですぐ確認できたわけでもない。何も情報がないなか，義母は自分なりに安全を確保しようとしたのだ。その意味で，上述の台風情報同様，私たちは，今，これらの大切な情報を十分役立てているかと反省してみる必要がある。

災害は繰り返す。2019年は，伊勢湾台風からちょうど60年の節目だった。その間，日本社会は，当時猛威をふるった高潮による被害をあのときほど大規模なかたちでは受けていない。しかし，脅威がなくなったわけではない。実際，2018年の台風21号でも，暴風に煽られた船舶が関西空港の連絡橋に衝突したほか，大阪湾岸部に新たに開発された住宅地が高潮の被害を受けた。

過去の災害は，多くの場合，姿を変え，ときにさらにパワーアップしたかたちで再来する。あらためて過去を振り返り，未来に備える必要がある。

「豪雨」-T-4　大規模停電と電気依存

2019年9月，千葉市付近に上陸した台風15号のために，千葉県を中心に最大93万戸が停電した。北海道胆振東部地震による「ブラックアウト」のために北海道内全域300万戸近くが停電したのも，そのわずか1年前（2018年9月）のことであった。

「懐中電灯を用意しましょう」は，昔から叫ばれてきた防災対策の1つである。しかし，最近の停電は，これまでとは違う様相を呈している。より大規模になり，復旧に長い時間を要するといった停電現象自体の変化に加えて，より重大な問題として，「電気が止まると何もかもできなくなる」ことがある。

電気イコール灯りという時代には，対策は懐中電灯で事足りたのかもしれない。しかし，今は違う。家庭では，ポンプや制御機器が止まるので，断水を伴うことも多い。ガス機器も一部使えなくなる。多くの固定電話，エアコン，テレビも，もちろんダメ。そして，現代生活の命綱とも言えるスマホ（携帯電話）もバッテリー切れでアウト。集合住宅ではエレベータ停止の影響も深刻だし，機械式駐車場の場合，車に逃げ込むこともできない。電気駆動の医療機器が必要な人は，直ちに命に関わる事態に直面する。

広く社会に目を向けると，信号機の停止による渋滞や事故発生に加え，社会の隅々まで行き渡ったコンピュータ制御に依存した社会システムが一斉に不具合を起こす。航空機（空港），鉄道（駅）などが機能麻痺に陥り，宅配，コンビニエンスストアなどの物流システムがダウンする。スマホ基地局や浄配水・排水施設の停止など，他のライフライン系にも影響が及ぶ。

医療・保健・介護施設などでも，予備電源がなければ，即座にサービスが低下・停止する。さらに，農林水産業への影響も深刻である。断水で農地に撒水できない，温度管理ができず高温で家畜が死亡する，冷凍庫が停止して商品が腐敗するといった被害だ。

だから，電気の確保を社会の最優先課題にすべき—たしかにそうだ。電力会社間で電気を融通する仕組みの強化，送電ネットワークの強靱化・複線化は急務だ。発電機や電源車を増備し，小型の太陽光発電装置，ハイブリッド車の活用を図る必要もある。

他方で，「何もかもできなくなる」のは，それだけ電気依存の便利な生活を私たちが謳歌しているからでもある。数年前，あるテレビ番組が，1993年（平成5年）と20年後の2013年（平成25年）との間に生じた社会の変化を数値のかたちで例示していた。最新の2018年（平成30年）のデータを筆者なりに調査して，四半世紀の変化を追ってみた（数値は概数）。

コンビニエンスストアは，2万3千店（1993年）から5万5千店（2018年）に，フランチャイズのレストランは，4千店（93年）から1万2千店（18年）へと増加。宅配便の取扱数は，12億個（93年）から42億個（18年）に急増した。「コンビニが冷蔵庫，ファミレスがダイニング」のライフスタイルや，必要数だけを店舗に都度配送するというふだんは効率的な仕組みが，停電による物流停止に対して脆弱な社会を生んでいる。

携帯電話の普及率は，2%（93年）から109%（1人1台以上）（18年）に，パソコンは，12%（93年）から73%（18年）に，エアコンは，72%（93年）から90%（18年）に，それぞれ増加した。さらに，エレベータとエスカレータは，保守点検数ベースの把握で，45万台（これのみ96年のデータ）から73万台（18年）に増えた。

停電対策という対処療法だけでなく，この際，電気による利便性・効率性だけを求める姿勢を見直し，電気への依存度を下げる努力を社会として始める必要があるだろう。

「豪雨」-T-5　情報と体感のブリッジ―平熱・微熱・高熱

「災害情報が豊富にあるのに活かされていない」。近年，この反省のフレーズを耳にしない年はない。筆者は，情報は防災（たとえば，避難行動）の主役ではないにもかかわらず，情報本体をいじることばかりが優先されて，肝心の２つのブリッジ（橋渡し）が欠落していることが，情報が活用されない主因だと考えてきた。第１のブリッジは，「情報と行動のブリッジ」で，これについては，「避難スイッチ」をキーワードとしてすでに論じた［豪雨-T-1］。

ここでは，第２のブリッジ，「情報と体感（現実）のブリッジ」について述べよう。災害情報通の人にとってはきわめてあたりまえであるがゆえに，案外見落としている重要なポイントがある。それが，ここで言う情報と体感（現実）との間のブリッジである。「A 川 B 観測所の水位が 6.5m の氾濫危険水位に到達」という情報が，情報通（プロ）に有用なのは，たとえば，その人が，かつて同じ水位だったときの濁流の様を鮮明に記憶していたり，その水位に至ったことは今回初めてだと知っていたりするからである。

要するに，災害情報は，それが示す体感や現実と結びついていないと役には立たない。プロは，「ふだん」から情報をチェックしていて，無意識のうちに，そのときそのときの現実や体感と情報とのマッチング作業を行っている。他方，一般の人びとは，「ふだん」，これらの情報をほとんど気にしていない。「まさか」のとき（だけ）情報を見ても，その情報から「ただ事ではない」ことを察知することは難しい。「ふだん」と「まさか」とのギャップこそが，「ただ事ではない」ことを教えてくれるからだ［地震-T-6］。

雑駁な比喩で恐縮だが，これは，ちょうど，私たちが自分の体温（情報）と気分（体感）との間にある独自の関係を熟知しているのと

図 1-4　近隣の溜池の様子（兵庫県宝塚市川面地区）

同じことである。平熱が 36 度を切るような人もいれば，37 度近い体温がふつうだという人もいる。言いかえれば，みなそれぞれ，自分にとって 37.5 度の体温（という情報）がもつ意味を，その体温のときの気分（体感）というかたちで知っている。この土台があってこそ，体温という情報が意味をもつ［豪雨-G-1］。災害情報も同じである。情報だけを「高度化」し大量に送り込んでも避難という行動に結びつかないのは，「情報と体感のブリッジ」が欠落・不足しているからである。

この観点に立って，筆者らは，先に紹介した宝塚市川面地区［豪雨-T-1］でも，2018 年夏，次のようなワークショップを開催した。幸い，大変好評であった。それは，「倉敷で大変なことがあった先月の災害，宝塚でもすごい降りだった」という体感が住民にありありと残っている間に，あの日の近隣河川（武庫川）の水位，アメダス画像などの各種情報，そして，あのときの溜池などの様子（これらの写真は住民が持ち寄ってくれた；図 1-4）をみなでチェックしたのだ。「あのくらい降ると武庫川の水位は×メートルにもなる」，「この溜池，こんなになるんだ」―まさに，「小難を知って大難に備える」ための，情報と体感のブリッジング作業である。

「豪雨」-T-6　フォーワードとバックワード

災害発生のたびに，「×時の時点で大雨警報発表，しかし，避難指示は未発出，その後30分して土砂災害発生，今回も避難情報に課題…」など，時系列（タイムライン）に沿った定番的な検証や批判が繰り返される。過去の避難研究を通覧してみるとよい。たいていの論文や報告に，当該の災害事例に関連する出来事をタイムラインに沿って整理した資料が掲載されているはずだ。こうした整理によって有益な知見ももたらされるが，留意すべき点もある。

特に要注意なのは，この種の検証作業では，タイムラインをバックワードで回顧している点である。名川柳「済んでから理論が冴える地震学」ではないが，回顧は人を賢明にする。いや，賢明にし過ぎる。次へ向けた知見は，あくまでも，出来事の渦中にある当事者と同じ視点，つまり，数分後すら予測しがたい状況で，未来をフォーワードで見る視点に立って獲得すべきである。出来事の渦中にある当事者は，すべてが終わった時点に立ってタイムラインを回顧することはできないからだ。バックワード（回顧）の視点に立った検証作業から得られた教訓や学びには，フォーワード（展望）の視点に立って意思決定し行動するほかない当事者には無力な「後知恵」に過ぎないものと，真に有益なものとが混在している。

要するに，同じタイムラインでも，それをフォーワード，バックワード，いずれの視点に立って眺めるかで何が見えるかが大きく異なることを自覚し，タイムラインの整備は，フォーワードの視点に対して行う必要がある。図1-5は，2017年10月の台風21号に関する検証作業で大阪府堺市が作成した資料である。これをもとに，「なぜ，22日の昼，さらに雨が降る前，洪水警報発表時と同時に避難勧告を出さなかったのか」，「数時間もすればぴたっと降り止んだ

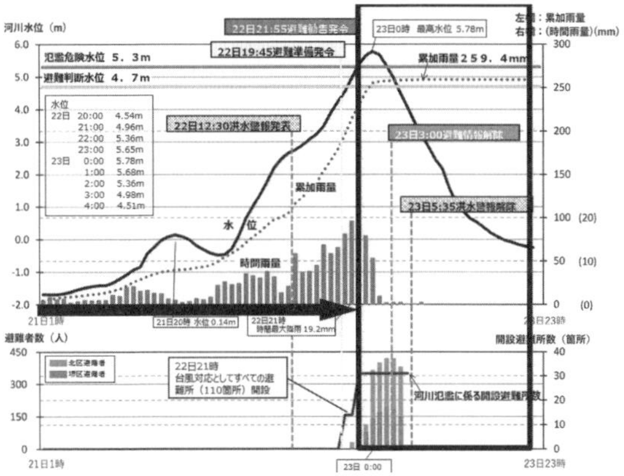

図 1-5　2017 年台風 21 号への対応に関する検証資料（堺市提供）

のに，その直前に，わざわざ夜中に避難勧告を出している。間が悪い」などと批判することは容易い。

しかし，それらは，図 1-5 に示された一連の経緯の全体を回顧する視点を確保した今だからこそなしうる批判である。そうしたバックワード（回顧）の視点からのみ導くことができる批判・提言が，図 1-5 の四角で囲ったエリア（未来）で何が起こるかがわからない状態で，矢印（勧告発令の意思決定時点）までたどりついた当事者に対して有効だろうか。次の災害で当事者になる人は，堺市職員と同様，フォーワード（展望）の視点でしか意思決定できない。そうした当事者に対して，先のタイプの検証や提言は有効とは言えまい。

この考えに基づき，竹之内ら（2021）は，当事者と同じフォーワードの視点に立って学べる災害情報の学習ツールを開発し，すでに現場での実証実験も実施済である。この学習ツールでは，学習者は「一寸先は闇」のフォーワードの視点に置かれ，その上で，各種の出来事や災害情報に次々に直面し意思決定するよう迫られる。よりリアルな対応訓練が可能なツールだと思う。

「豪雨」-T-7　オープンサイエンス

夏休み—かつて，休暇中の宿題として昆虫の観察や天気の記録に取り組んだという方も多いだろう。こうした観察や観測は，科学（サイエンス）の基本である。その科学が，専門家つまり科学者の専売特許になって久しい。しかし，それを市民の手に取り戻そうとする動きがある。オープンサイエンス（社会に開かれた科学），シティズン・サイエンス（市民による科学）と呼ばれる動きである［地震-S-1］。

なぜ今，オープンサイエンスなのか。それは，科学者だけの科学には課題や限界があることが認識されたからである。専門家の閉じた世界で進められる科学は多くの実りをもたらしたが，同時にいくつかの弊害も抱えている。それは，「想定外」，「データねつ造」，「科学（者）不信」といった言葉からも容易にわかる。

ただし，オープンサイエンスの進展には，もう少し前向きな背景がある。それは，単純素朴に，科学が市民の力を必要としているという側面である。たとえば，動植物の生態調査や天体観測の分野では，これまでも，多くの市民がボランティアとして，また在野の研究者として参画して科学を支えてきた。このオープンサイエンスが，今，防災・減災の分野でも大きな役割を果たしつつある。観察，観測，解読，この3つの角度から例示しよう。

まず，観察。いくらモニタリング技術が進化しても，局所的に生じ短時間に変化する現象の細部まで正確にとらえることは，専門家にも依然困難である。何が起きているかを知るには，そこにいる人による観察が一番だ。「××谷の奥で変な音がする」，「××商店の前が冠水し始めた」—こういった身近な異変［豪雨-T-1］に関する観察情報が，今やほぼすべての人が常に携行している観察兼報告装置（スマホ）を通じて収集・伝達される。集まった情報は，行政機関や民間の気象会社などで検証・分析された上で，気象情報や避難情報として活かされている。

次に，観測。2018 年 6 月の大阪府北部地震の後，多くのボランティアの姿が学校や公民館などで見られた。こう書くと，「ああ，避難所のお手伝いか」と思われるかもしれないが，そうではない。ボランティアたちが行ったのは，余震観測のために大量に地震計を設置する作業である。熊本地震（2016 年）などでもそうだったように，大きな地震の直後は余震活動が活発である。その活動を丹念に観測することが地震のメカニズムの解明にとって何よりも重要なのだ。その大切な研究活動の一翼を市民が担っているわけである。

最後に，解読。東大と京大が 2017 年に始めた「みんなで翻刻《ほんこく》」というプロジェクトがある。古文書に「くずし字」で記録された過去の災害現象に関する記述・描写の解読作業に，多くの市民が参加している。自然科学は苦手だけど歴史や文学は好きという方も多いのだろう。近年の豪雨災害の被災地で，「こんなことは初めてだ」と住民が話していた地区が，実は何度も水害に襲われていたことが，江戸時代の文書から明らかになったりした。

災害情報が十分活かされないという社会的課題が浮上するたびに，情報の精度が高められ，表現方法が変更されたりしている［豪雨-T-5］。しかし，これはいささか表層的な対応だろう。防災・減災を市民が専門家に丸投げしている状況の方に，問題の根元はあると見なければならない。「オープンサイエンス」の運動を通して，根本的な部分での意識変革を進めることが不可欠である。基礎的なデータ集めから分析まで，防災・減災に関する活動は，一部の科学者や行政職員だけでなく，みなで共にするものである。

「豪雨」-T-8　記述文・遂行文・宣言文

言語行為論と呼ばれる学問領域がある。その基本的な考えの1つに，「記述文」と「遂行文」の区別がある。

「記述文」（たとえば，「これは鉛筆です」）では，世界（現実）が基準であり，言葉は，基準とすべき世界（現実）に合わせてそれを記述する役割を果たす。だから，「鉛筆だと思っていたら，ペンシル型のチョコレートだった」ことがわかれば，「これはチョコレートです」と言葉の方が修正される。他方で，「遂行文」（たとえば，「窓を閉めてください」）では，言語が基準であり，基準とすべき言語に合わせて何らかの行動が起こされて，その結果として世界（現実）の方が変化する。この例では，窓が開いている世界から閉じている世界へと現実が変わる。

災害情報のうち，「台風15号の中心付近の最大風速は30m」など，気象庁が発表する災害情報の多くは，形式的には「記述文」であり，「××地区に避難指示を発令」など自治体が発令する避難情報は，形式的には「遂行文」である。災害情報の究極的な目標が被害軽減であるならば，「遂行文」の実効性を高めることが重要であるが，実際には，「記述文」の精度向上の試みばかりが目立ち，「遂行文」の方は，避難指示が出ても実際の避難率が1%にも満たないなど，災害情報に関わる諸問題は解決にはほど遠い状況である。

ここで，「宣言文」（たとえば，「これで会議を終わります」）と呼ばれる「記述文」と「遂行文」の中間的な性質をもつ文が課題解決への糸口になる。実際，避難する地域住民らが，専門家の助言を得つつも自ら避難基準（[豪雨 -T-1］で述べた「避難スイッチ」）を事前に設定し，それに見合う事態が生じたときに，「××地区避難情報」といった情報（「宣言文」）を自ら発しつつ，実際に避難する試み（「避難宣言型アプローチ」）が高い効果をもつことが示されている。

もっとも「記述文」と「遂行文」自体にも，より複雑な関係がある。たとえば，「2000年の東海豪雨に匹敵する大雨になっています」といった固有名詞付きの災害情報には特殊な効果がある［前著 - 海12］。こうした情報は，ある対象（現在の雨の様子）を特定の名称で指示しているだけであるから，形式的にはまさに「記述文」である。しかし，それは「時間雨量何mmだ」，「××川氾濫危険水位到達」といった，対象をより詳細に記述するタイプの「記述文」はもとより，「ただちに避難してください」といった形式的な「遂行文」よりも，はるかに大きな遂行的能力（避難を促す力）を発揮する場合がある。

逆に，「～と命令する」，「～と指示する」など，一般に遂行動詞と称される語句を伴った文，つまり，あからさまな遂行文が，常に首尾よくその効果を発揮するかというと保証の限りではない。よって，「遂行文」の改善策の１つとして位置づけうる命令口調（「避難せよ！」）についても，単に命令（遂行へ向けた圧力）の強度の問題ではなく，「遂行文」が発せられるコンテキストの方が大切である。たとえば，NHKのアナウンサーは通常の放送では，滅多に命令口調を使用しないが，東日本大震災後，場合によっては「避難せよ」，「避難すること！」といった表現を初めて使用するようになった。だからこそ，これらの表現が物議をかもしたのだ。つまり，「避難せよ」という「遂行文」の効果について真に注目すべきは，命令口調の使用ではなく，（通常時における）徹底した不使用の方だとも言える。

いずれにしても，言語行為論は，防災・減災の領域でこんがらがってしまった諸問題を解きほぐす力をもっている。興味がある方は，矢守（2016）を参照してほしい。

「豪雨」-S-1　「避難スイッチ」から見た上乙見地区

“空振り”と“素振り”について論じた［豪雨-G-2］で，2018年の西日本豪雨に襲われた京都府京丹波町の上乙見地区の事例について言及した。この事例は，実は，「避難スイッチ」［豪雨-T-1］の観点からも興味深い特徴をもっている。

2018年7月7日，午前5時半頃，地元消防団員9人が，明るくなるのを待って上乙見地区に入った。一軒一軒の玄関を叩き，「すぐ逃げてください」と呼びかけた。前日からの警戒態勢のなか，未明の午前3時頃から雨脚が急に強まったためである。同町を含む地域への特別警報（大雨）の発表（6時45分），および，町役場の避難指示発出（7時00分）よりも，前のことだった。消防団のリーダーによると，情報等を待つことなく避難を促したのは，集落を流れる沢の水位が「これまで見たこともないものだったから」だった。消防団員は，「身近な異変」を「避難スイッチ」として役立て，素早いアクションに役立てていたのだ。

集落の住民のなかにも独自の「避難スイッチ」を有効活用した人がいた。沢のすぐ横に建つ家で先祖代々暮らしてきた人だ。この住民は，沢を流れる水の様子を避難の目安にしていた。沢の岩が水面の下に隠れるタイミング，そして水の色である。水の色は，透明，薄緑白色，黄土色，そして，最後は赤土っぽい色へと変わる。この最後の段階では，それまでにしない生臭い土の匂いが混じるとのことで，この変化を段階的な「避難スイッチ」としていた。

この集落では，さらに，2018年の災害以降は，こうした経験則に加え，客観的なデータも活用するようになった。近隣の大学の協力をえて，集落に簡易雨量計を設置したのだ。避難のタイミングを第三者（行政など）に頼らない姿勢は，今後の豪雨防災の要になるだろう。

「豪雨」-S-2 「セカンドベスト」から見た上乙見地区

前項［豪雨-S-1］で触れた京丹波町上乙見地区の事例は，さらに，次善の避難場所をもつこと，言いかえれば，「セカンドベスト」の避難場所［豪雨-T-2］の観点から見ても大変興味深い事例である。

消防団の呼びかけ（前項）に全住民が即応し，8割以上の住民は，集落外への出口付近の崩落が発生する直前には，集落外に位置する「ベスト」な避難場所への避難を完了した。それでも，事態はさらに切迫した。斜面崩落と沢の越水が避難を阻んだのだ。結果として，住民9人が集落内に取り残され一時孤立した。このとき，取り残された住民が身を寄せ，最悪の数時間をやり過ごした「セカンドベスト」の避難場所が，住民が「お堂」と呼ぶ建物である。「お堂」は，川から十分高く，かつ集落両側の斜面からも遠い（図1-6）。

住民たちは，お互いに励ましあって，沢の濁流が小康化するのを待って，崩落箇所をはしごなどで乗り越えて，他の住民が待つ集落外の「ベスト」の避難場所へと移動した。「セカンドベスト」の存在が命を救ったのだ。

図1-6 住民が「セカンドベスト」の避難場所として利用した「お堂」（筆者撮影）

「豪雨」-S-3　災害時の呼びかけ放送

『スマホ，ケータイの電池を無駄遣いしないよう，交替で電源を入れて情報を入手し，みんなで情報を共有しましょう』，『孤立している方，あきらめずに助けを待ってください。居場所や状況を外に知らせてください，硬いものでドアや壁をたたいたり，懐中電灯の灯りを使ったりしてください。』

近年，災害時にテレビ，ラジオなどから流れるアナウンスが変化していることにお気づきの方も多いと思う。ひと言で言えば，「インフォメーション」から「コミュニケーション」へという変化である。［豪雨-T-8］の用語を使うなら，「記述文」から「遂行文」への変化とも言いかえることができる。

「××市付近で1時間80mm以上の激しい雨が降った模様」，「××地区に避難指示が出ました」など，これまで，自然現象や行政対応に関する客観的事実の報告が中心だった災害報道が，命を守り，被害を減らすための具体的な行動について，渦中にある人びとに直接語りかけるスタイルを重視し始めた。

この変化のきっかけは，東日本大震災である。地震発生から津波到達まで一定の余裕時間があった地域もあったにもかかわらず，多くの方が犠牲になった。あのときの緊急放送は，迅速な避難行動につながったのかという反省である。筆者は，当時，NHKの全国放送をアナウンサーとして担当した横尾泰輔さんと，そのときの呼びかけについて論文を書いたことがある。横尾さんの問題意識も，まさにこの点にあった（横尾・矢守，2017)。

情報はもちろん大切である。しかし，肝心なのは，人びとの知識に働きかけるインフォメーションではなく，心構えと行動に働きかけるコミュニケーションである。

「豪雨」-S-4　無骨なハード／繊細なソフト

豪雨災害のたびに，ダムをめぐる議論が沸騰する。そもそもダムは，洪水対策上有用なのか。あの「緊急放流」は適切だったのか。あるいは，「緊急放流」の情報は地元の自治体や住民に適切に伝わったのか。こういった議論である。

こうした論争を耳にするたびに感じることがある。ダムはそれ自体巨大な構造物だから，一見すると無骨なハードウェアに見える。しかし，実際には，それは非常に細かな操作を必要とする繊細なソフトウェアでもある。ところが，この後者の側面はほとんど知られていない。そして，そのことが論争をさらに混迷させている。

ダムをめぐる論争の生産的な解消に向けて筆者が必要だと考えているのは，繊細なソフトウェアとしてのダムを地元の自治体職員や地域住民が実感できる機会を設けることである。こう書くと小難しく聞こえるかもしれないが，こうした場は，たとえば，航空機の操縦シミュレータと同様のダム操作シミュレータ（超簡易なものでよい）を作って，子どもを含めて地元住民に経験してもらうだけでも実現できる。

ダム操作は，利水と治水のバランスをどうとるのか，小さな浸水被害こそ防ぐべきなのか，小さな被害は許容してでも破局的な被害を防ぐべきなのかなど，多くのジレンマを伴う。そのジレンマを調整しようとする結果として，「緊急放流」を含む複雑なダム操作が生じる。

住民がこの根幹を知らずして，逆に言えば，ダム管理者がこの根幹をオープンにしないまま，ダム管理者と地元首長との間にホットラインを設けましたとか，緊急放流の際はサイレンだけでなくスマホでもお知らせしますとか，情報伝達の表面をいじってみても，ダムをめぐる論争は空転し続けるだけだと思う。

「豪雨」-S-5　活断層と遊水池

筆者が勤務する京都大学には3つのキャンパスがある。時計台のある吉田キャンパス（京都市左京区），桂キャンパス（同西京区），宇治キャンパス（宇治市）である。それぞれ京都盆地の東北縁，西南縁，東南縁に位置している。

元京都大学総長で著名な地震研究者でもある尾池和夫先生は，かつて，こんなシュールなジョークを語っておられた。「京大の3つのキャンパスの近くにはすべて活断層が走っています。それぞれ，花折断層（吉田キャンパス），京都西山断層（桂キャンパス），黄檗断層（宇治キャンパス）です。でも大丈夫。一度に3つは動きませんから」。

活断層が形づくる盆地の中を，鴨川，宇治川はじめ多くの河川が流れ下り，天王山の足下をくぐり抜け淀川となって，大阪湾へと注いでいる。盆地の南部は土地が低く，水害とも無縁ではない。実際，筆者が所属する防災研究所のある宇治キャンパスからほど近くには，昭和初期まで，巨椋池（約8km^2，皇居の3倍以上）が自然の遊水池として広がっていた。

その広大な水面に美しく映る月を，豊臣秀吉は伏見城の天守閣から眺めていたのだろう。JR奈良線で京都駅から宇治キャンパスを訪れる人は，途中，桃山駅から六地蔵駅にかけて，この城があった山麓を列車が走るので，右手の木々の間に広がる平地に往時をしのぶことができる。

また，そこから近い京阪電車の観月橋という駅名にも，かつての栄耀栄華のなごりを感じとることができる。そんな伏見城も，慶長伏見地震（1596年）で傷つき，歌舞伎「地震加藤」の逸話を残しながらも，豊臣政権は崩壊への道を転落していく。

■コラム１　新語・流行語で振り返る 2017 年

2017 年の防災・減災事情を，年末恒例となっている「新語・流行語大賞」に選ばれた『ワード』（『括弧』で表記』）を使って振り返ってみよう。

2017 年，もっとも多くの犠牲者を出した災害は，国内では，7 月 5 日から 6 日にかけて福岡県と大分県などを襲った九州北部豪雨である。死者・行方不明者数は 42 人を数えた。この集中豪雨は，積乱雲が次々に発生して生じる『線状降水帯』によってもたらされた。特に，福岡県朝倉市付近で観測された 3 時間で約 400mm，12 時間で約 900mm の雨は『空前絶後』と言ってよい激しさであった。

しかし，そんななか，その 5 年前の 2012 年に起きた集中豪雨の経験（川のそばにある住宅が床上浸水）を踏まえて，この住宅の状況を避難の目安にして，早期の自主避難，人的被害ゼロにつなげた集落もあった［豪雨-T-2］。災害と言うと，どうしても被害の方に目がいき，『インスタ映え』する光景ばかりが話題になることも多い。しかし，今後の備えに示唆を与える教訓やノウハウは，むしろ成功事例の方に多く詰まっている［豪雨-G-3］。

ソーシャルメディアの普及・浸透を背景に，『フェイクニュース』，『ポスト真実』［心理 -S-4］も注目語としてノミネートされていた。被災地では実際に何が起きているのか。それを知るための情報は，防災にとって生命線の 1 つだ。実際，2016 年の熊本地震でも「ライオンが逃げた」との誤情報が社会を騒がせた。

また，2017 年 9 月，メキシコで二度にわたって大地震が発生した。首都メキシコシティにも大きな被害をもたらした 2 つめの地震では，ある少女の“奇跡の救出活動劇”が夜通しテレビで生中継された。ところが，後になって，それは虚偽のうわさ話だったことがわかった。マスメディアまでが誤情報に踊らされてしまったのだ。

神奈川県座間市で起きた陰惨な事件ではSNSがその引き金となったように，ソーシャルメディアにはいつも光と陰がつきまとう。相次いだ北朝鮮のミサイル飛来で，急速に知名度が高まった『Jアラート』（全国瞬時警報システム）を含めて，緊急時には特に，自治体やマスメディアに，正確かつ信頼できる情報を迅速に提供する役割が期待されている。

同じ9月，桐生祥秀選手（東洋大，当時）が，日本人として史上初めて，陸上100mで『10秒の壁』を破った。快挙であった。ところで，陸上に遡上した津波の速度が，彼のあのスピードとほぼ同じであることをご存じだろうか。海岸部の構造や地面形状（建物の有無）などによって多少左右されるが，陸上での津波の速度は時速40km程度である。これは，100mを9秒程度で進む速さに相当する。つまり，筆者自身を含め桐生選手にはとてもかなわないと感じる人は，まちがっても津波が見えてから避難しようなどと思ってはならない。

さて，お友だちのご意向を真っ先に『忖度』する「お友だちファースト」は願い下げだが，本来『忖度』は，他人の気持ちを慎重に推し量ることであって，それ自体は批判されるにはあたらない。『藤井フィーバー』，『ひふみん』で湧いた将棋も，煎じ詰めれば，相手の手の内を『忖度』するゲームだと見ることもできるだろう。

この意味で，『忖度』が大切なのは防災業界も同様である。『ワンオペ育児』ならぬ「ワンオペ避難所」，「ワンオペ仮設」でてんてこ舞いになっているところも散見される。被災者は何に困窮しているのか，どのような支援を望んでいるのか，むしろしっかり『忖度』することが求められるケースもある。「被災者ファースト」，「避難所ファースト」など，たくさんの，よき『〇〇ファースト』が実現されることを願いたい。

第2章

地震災害

南海トラフ地震に備えて

「地震」-G-1　南海トラフ地震の「臨時情報」

コロナ禍と臨時情報

令和の世の劈頭に不気味な陰を落としている新型コロナウイルスの感染蔓延を目にして，防災関係者なら誰もが思い浮かべたことが1つあるはずだ。「臨時情報に似ている」である。感染の広がりに伴って生じたマスクなどの払底・不足，これでもかと溢れ出てくる流言［心理-S-4］，そして，相次いだ「中止・延期・自粛」による社会的活動レベルの低下。このいずれもが，南海トラフ地震臨時情報が発表されたときに予想される社会の反応を彷彿とさせる。

「臨時情報」(2019年スタート）は，いくつかの先行事象（と評価可能な事象）をもとに，激甚な被害をもたらすと想定される南海トラフ地震・津波が，一定の期間内（1週間程度）に発生する可能性が通常よりも高まっていることを社会に警告するために気象庁が発表する情報である。沿岸などに居住する津波避難困難者が事前避難するなどすれば非常に大きな被害軽減効果が期待できる一方で，企業・教育・福祉活動の抑制・停止による社会・経済面への影響も大きく，根拠薄弱な流言の流布，物資の買い占めなどの社会的混乱も懸念される。言いかえれば，両刃の剣である「臨時情報」を有効活用するためには，その光の部分を大きく引き出し，陰の部分を抑制するための社会的制度を整備することが不可欠である。

「半割れ」と「一部割れ」

「半割れシナリオ」と呼ばれるケースでは，たとえば，南海トラフの東半分，静岡県を中心に被害が出るかたちで地震・津波がまず発生したケースを考える（かつて実際にそうだったことが複数回ある)。報道を通して被災地の惨状を目のあたりにしたところに，臨時情報が追い打ちをかける。西半分，近畿以西の太平洋岸を中心に，物資や情報をめぐる混乱は避けられそうもない。事前の取り決めというより，そのときの社会的圧力に押されるかたちで，産官学民こぞって，交通機関，商業施設，教育・福祉サービスなど，あらゆる社会的機能をスローダウン（クローズ）させるだろう。

つまり，「半割れ」のケースにおける混乱は，コロナへの対応よりもオーバーヒートすると予想される。その理由は，東半分で，現に進行形で生じている被害のリアルさである。人間をして，不確実な事象を確実でリアルなものとして認識させる最大の回路は，その事象の〈機能的代替物〉―時間ちがい，場所ちがいの類似物―の確実・リアルを示すことだからである。時間については，3.11 の津波はあの防潮堤を越えたという事実の迫力（かつて起きた津波のリアル）などとして，それは現れる。場所については，地震発生後に地震保険契約数が急増する現象など，今このとき，別の場所を襲う災害が有するリアルな影響力として，それは現れる。これらと同様，「半割れ」の場合，臨時情報の情報本体と言うより，〈機能的代替物〉としての先行地震が，起こるか起こらないかわからない後発地震を十分に起こりうる出来事へと転換させる役割を果たす可能性が高い。

他方で，「一部割れシナリオ」では，先行地震は小規模である。特に，被害が軽微であった場合，話は変わってくる。「半割れ」の場合，過熱すると予想した社会的反応が総じて抑制される可能性が高い。不確実を確実へと変換するための魔法の杖である〈機能的代替物〉の力が弱く，不確実な事象を確実でリアルなものとして認識させるための素材が，臨時情報本体に限定されるからである。

臨時情報に関する「防災対応検討ガイドライン」（内閣府）によれば，「一部割れ」の場合，後発地震の発生は「7 日以内の発生頻度は数百回に 1 回程度（通常の数倍程度の確率）」に過ぎず，「半割れ」でも，「十数回に 1 回程度（通常の 100 倍程度の確率）」とされる。ここで，「通常」の目安となっているのは，南海トラフ地震の30年以内の発生確率は70～80%という知見である。この数値を，直近1週間以内に地震が発生する確率に換算すると「千回に1回程度」になるため，「通常の100倍程度」とされている。

だから，雑駁な比喩ではこうなる。「臨時情報が発表されても，要警戒の目安となっている『1週間』の間に地震が発生する確率は，多くて十数回に1回です。つまり，10本に1本しかアタリのないくじのようなもので，十中八九外れる情報です。ただし，臨時情報が出ていない今，今後1週間以内に突如地震に襲われる確率は，千本以上に1本だけアタリが入ったくじと同じくらいです。これと比べると，10本に1本がいかに危険かわかります。せめて1週間程度，いつも以上に用心しても，また，日頃手を抜いている対策をこの機会に見直しても，損はないです。」

こうした言いかえが相応の説得効果をもつ場合もあるが，確率値を用いた科学的な説得は，上述の〈機能的代替物〉に比べると，いかにも脆弱である。〈機能的代替物〉が「不確かな確実」を生み出すポテンシャルを有するのと比べると，統計値は，所詮，「確かな不確実」の域を出ない場合が多い。その情報は，科学に依拠している点で「確か」ではあるが，情報に描かれた中身は不確実な物語としてスルーされてしまいがちである。

「両にらみ」の重要性

いずれにしても，コロナ対応と臨時情報対応との間には共通項が多い。キーワードは，「スローダウン」と「(白黒) 両にらみ」である［地震-T-9，心理-G-2］。日本社会における防災体制は，「ふだん (平常時)」と「まさか (災害時)」の分離を前提にしてきた。「災害モードへの切替」，「災害対策本部の設置・解散」といった表現がこの分離を象徴している。「日常／災害」の線引きが確定されれば，それなりの経験が蓄積されているが，両方が混じった状態を「両にらみ」でマネジメントするための経験やノウハウは不足気味である。しかし，臨時情報対応では，まさに「両にらみ」が求められる。

言葉をかえれば，臨時情報を活かすためには，「実際，どの程度の確実性（確率）なのですか」など，「不確実性」を嫌い，確実性を求める議論や，「不確実な情報では責任ある対応はとれない」のような，「白黒はっきり」させないと何もできないという発想に陥ってはならない。種々のトレードオフを低減しつつ，不確実な情報に見合う柔軟性をもった「両にらみ」をそれぞれの立場で準備すると共に，それを支える新しい防災体制を社会に構築する必要がある。この点で，「半分動かしながら，半分はとめる」―スローダウンした社会の運営術を，日本社会がコロナ禍で学びつつあるとすれば（そう期待したい），それは臨時情報対応にも有用である。

最後に，「1 週間程度」について触れておきたい。「1 週間」は，直接的には，過去の地震発生データに基礎がある。1 週間程度経過すると，地震発生頻度という観点からは通常と大きく変わらない状態に回帰するためである。しかし，7 日目に明確な落差があるわけでも，自然現象が曜日を理解するわけでもない。「なぜ 5 日ではなく，7 日（1 週間）なのか」と問われれば，自然（地震）の論理ではなくて，「人間・社会の側の都合に従ったまで」と答えるほかない。実際，臨時情報に関する意識調査の結果，学校の閉鎖，避難生活といった特別な対応は「1 週間程度が限界」と回答する人が多かったとの結果が，「1 週間」の設定には大きく影響している。

コロナ禍でもそうであるように，人間は終わりの見えない我慢が苦手である。さりとて「1 週間」に明確な根拠があるわけではない。「臨時情報」が発表された場合，この点についても，正解のない難しい舵取りが要請されることになる。

「地震」-G-2　DYFI プロジェクト

「あなたは揺れを感じましたか？」

近年，地震学における「オープンサイエンス」［豪雨-T-7］［地震-S-1］だとして注目を集めている活動がある。それが「Did You Feel It?」（「あなたはその揺れを感じましたか？」）プロジェクト，略称 DYFI プロジェクトである（図 2-1）。DYFI プロジェクトは，地震学の世界的な中心組織である米国地質調査所（USGS）が 2004 年に開始したものである（USGS, 2004）。地震を感じた一般市民が，そのときに感じた地震動の強度，地震に対する自らの反応・行動，周囲の被害状況などを，インターネットを通じて報告する仕組みである。

米国社会にいち早くインターネットが広く普及していたことも，このプロジェクトの運用上の実効性を後押しし，DYFI プロジェクトを市民による「観測や観察」をベースとした地震学における「オープンサイエンス」の取り組みとして成立・定着させる一助となった。地震学は，一見すると，一般市民にはまったく手の届かない専門家コミュニティに限定された領域のように見えるが，意外なところで市民参画が必要とされ，実際に役立てられていたのだ。

さて，DYFI プロジェクトは，もともと，各地域における揺れの程度（日本で言えば体感震度［地震-T-4］）や被害状況を USGS が早期に把握し，地震動に関するマップを作成し公開するために，市民に観察結果のレポートを求めたものである。日本と比べて人口密度も地震計の設置密度もはるかに低い米国において，科学者らが展開した地震観測網による観測データを補完する意味で，また，地震による被害状況をいち早く把握する意味で，必要に迫られて導入された仕組みとも言える。

なお，その後，DYFI プロジェクトは，他国にも広がった。今では，米国，日本，中国，メキシコ，ネパール，ハイチなど，多くの国の一般市民数万人が DYFI システムにエントリーしており，地震が発生するたびに，大量のデータが蓄積されている。

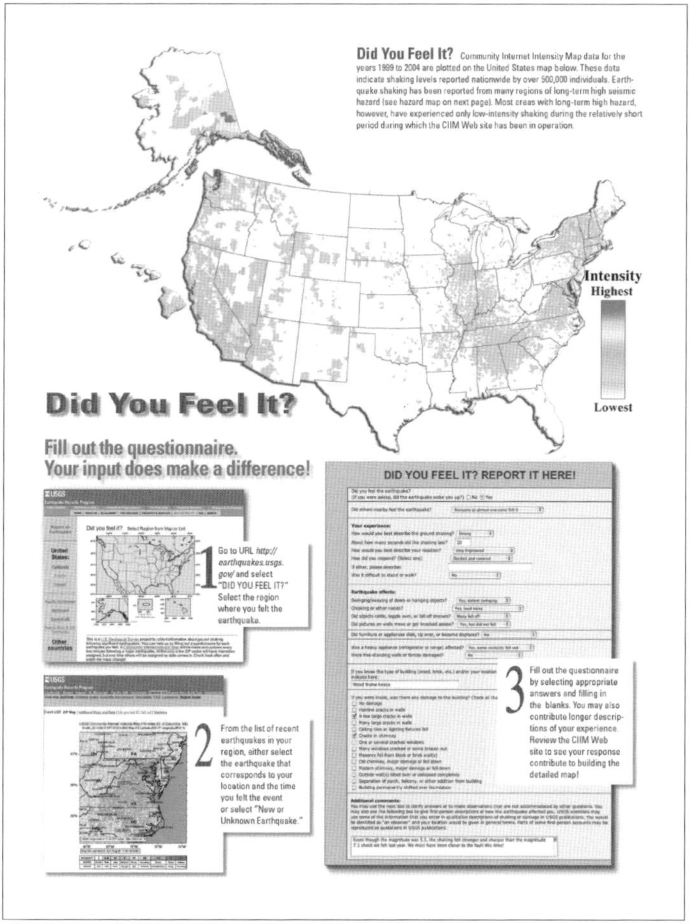

図 2-1　DYFI プロジェクトの概要（USGS, 2004）

人間行動に関するデータの分析

筆者らは，このプロジェクトの，言わば「副産物」として得られてきた大量の人間行動データに注目した。DYFIプロジェクトにおいては，人びとは，単に「揺れを感じたか」だけでなく，自分自身の感情状態，直後にとった行動，周囲の建物や人びとの様子（被害状況）などをスマホなどの端末からUSGSに対してレポーティングする。こうした人間行動データは，これまでまったく分析がなされていなかった。この貴重なデータを活用すべく，データベースへのアクセスと解析をUSGSから許諾してもらい，世界で初めて，DYFI

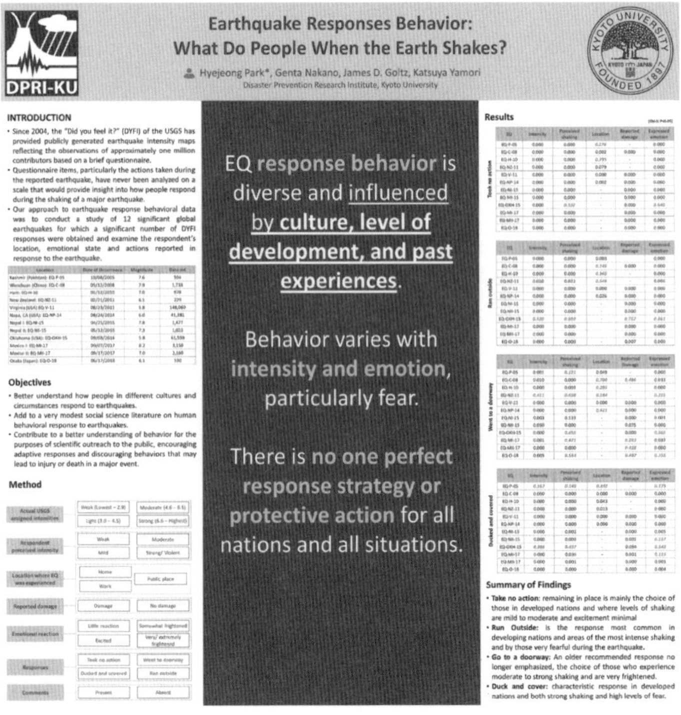

図2-2　DYFIによる地震時の人間行動に関する国際比較調査結果

プロジェクトによって収集・蓄積されたデータを用いて，地震動に対する人間行動と社会的反応に関する本格的な国際比較調査を行ったのである（Goltz et al., 2020）。

具体的には，ハイチ，パキスタン，ネパール，メキシコ，中国，日本，ニュージーランド，米国で発生した合計 12 の地震に関する大量の DYFI データ（計 22 万人分以上）に対して解析を行った。その結果，主に，以下のような知見が得られた（図 2-2）。

第 1 に，DYFI プロジェクトで報告される重要項目の 1 つである地震動直後の行動選択肢（Took no action：何もしない，Went to doorway：出口に行く，Duck cover：頭を守る，Ran outside：屋外に出る）のうち，「屋外に出る」について，特徴的な傾向が認められた。ハイチ，ネパール，パキスタンでは，「屋外に出る」が多数を占めたが，日本，米国，ニュージーランドでは，非常に少数であった。中国，メキシコは，その中間であった。

第 2 に，この傾向は，構造物に対する各国での一般的信頼性（近似的には，人間開発指数（HDI）など）と相関しており，信頼性が低い国ほど地震の揺れを感じれば「屋外に出る」という行動をとり，信頼性が高い国ほど地震の揺れを感じても室内に残るという行動をとっていることがわかった。

第 3 に，さらに重要なことに，いくつかの国においては「地震の揺れを感じて実際にとった行動」と「防災教育で推奨されている地震時の行動」との間には大きなギャップがあった。すなわち，たとえば，地震対策が相対的に進んだ国や社会では望ましいとされる行動が，知見の「輸出先」となる国や社会での有効性や現状を考慮されることなく機械的に「輸出」されている現状も明らかとなった。防災支援におけるカルチュラルチューニング［津波–T–2］が重要となるゆえんである。

「地震」-G-3　拡張・発展的復興と縮小・楽着的復興

シュリンキング―縮小するプロセス

作家の高村薫氏が，かつてこう記していた。40代で経験した阪神・淡路大震災と60代で経験した大阪府北部地震との違いについて，被災後の片付けの作業，支援を受けるための手続きなど，前者では容易に無理なくできたことのいくつかが後者ではそうではなかった。「年をとると基本的に身の周りのどんな変化も重荷になる。…（中略）…できる限り静かに生活のなかに溶かし出して生きてゆくこと」（熊本日日新聞社（2019年6月30日付「くまにち論壇」））。

また，福島県を中心に，主に人口減少地域での災害復興に長く関与してきた天野和彦氏は，福島原発事故後のコミュニティ再生に関する取り組みについて，「死にがい」という言葉を用いて次のように述べている。「ここに骨を埋めたい，この家族のために，この仕事のために，ここで死んでよかったと思える集落，全員がそう思えている集落があれば，そうやってみんなが亡くなっていく集落は幸福ではないか」（天野，2019）。

これら2つの卓見が示唆していることは，個人，集落，社会などが小さくなること，また消えていくことを，無条件に望ましくなく回避すべきこととしてとらえるのではなく，そこに幸福や満足を見いだし，それを，「死」ではなく「生」のプロセスとして（も）見るべきではないかということである。

同じことは，最近よく耳にするワード「シュリンク」（縮小・消滅）を用いて言いかえれば，「シュランク」，つまり縮小・消滅の完了状態に対する評価や対応だけに一喜一憂するのではなく，「シュリンキング」，つまり，縮小過程の充実に目を向ける必要があるということである。この考えは，緩和ケアやホスピスなど，人間の生を，そのクオリティ（Quality of Life）を重視しつつ，尊厳ある生としてクロージングするための支援について思考し実践しようとする動きとも軌を一にしている。

筆者なりに，天野氏の言葉をさらに敷衍するなら，私たちが真に怖れ回避すべきは，死そのもの—つまり，人が亡くなり，集落が消滅すること—ではない。「生きがいの喪失」ならぬ「死にがいの喪失」こそが最大の課題である。縮小・消滅した後は，たしかに，定義上，「死」かもしれないが，むしろ，縮小・消滅への過程までが「死」に近いものになってしまっていることを憂慮すべきだということだ。なんとなれば，それは，人や社会がまだ「生」を生きている間に起きることだからである。これは，尊厳死・安楽死について，安藤泰至氏が，「『悪い死』とは，実は『悪い生』なのだ」（安藤，2019，p.37）と喝破していることにも通じる。

拡張・発展的復興（Build Back Better: BBB）

しかし，現実には，人口（定住人口にせよ，交流人口にせよ，関係人口にせよ）や経済成長率をBuild Back Better（BBB）の基準として設定した上で，復興とは，「基準」となるインデックスの旧状回復のことであり，できれば増加に転換せしめることだから，たとえば，人口減少に拍車がかかるのは復興の落第生，いわんやゼロになるなどもってのほかで，それは復興として完全に失敗（死）だ—こう断じる考え方が支配的である。縮小の過程は，失敗（集落の消滅なり，人間の死）への途上にあたるから，その中身を問われることなく，無条件にダメ出しされているのである。

災害からの復旧・復興というコンテキストを離れても，同じことが言える。「限界集落（限界自治体）」，「地方消滅」，「縮小ニッポンの衝撃」といったお馴染みのフレーズには，拡張・発展を無条件に是とする思想が明瞭に表れている。

しかし，この思考のパラダイムこそが，災害による衝撃や次々に襲ってくる変化を「できる限り静かに生活のなかに溶かし出して生きてゆく」という選択肢を被災者から奪い，「生きがいの喪失」だけでなく「死にがいの喪失」をもたらしている。災害のダメージを受けながらも，「災害に見舞われはしたが，ここでの暮らしは楽しかった。次に生まれるときも，この家族に，この集落に，この社会に生まれたい」。多くの住民がこのように振り返りながら人生の幕を下ろし，また，穏やかに1つの集落が終焉のときを迎えること，また，そのようなかたちで小さくなり消えていくことも，—特に縮小社会においては—立派で望ましい復興ではないか。

「災害発生後の復興段階において，次の災害発生に備えて，より災害に対して強靱な地域づくりを行う考え方」と定義される拡張・発展的復興（BBB）に前向きな発想が含まれていることは，たしかだ。被災前には手をつけにくかった難題が，被災を契機として取り組みやすくなるケースもあるかもしれない。特に，それは，人口が増加し経済規模が拡大しつつある社会にはフィットするだろう。しかし，今，日本社会に対して有効かどうか。

もっとも，素朴で無邪気なBBB路線には，すでに批判が集中している。批判の中核に据えられてきた概念の1つが「レジリエンス」（resilience）である。たしかに，「レジリエンス」は一歩前進ではある。しかし，筆者の見るところ，たとえば，「ナショナル・レジリエンス」というフレーズや，いったん落ち込んでその後「V字回復」を果たすお馴染みの図式と共に論じられるレジリエンス，つまり復旧・復興の効率化と同一視されたレジリエンスは，BBBの代替ワードの域を出ていない。

また，BBBの，言わば修正版として位置づけられることが多い「bouncing back（第1世代）から bouncing forward（第2世代）」というかけ声も同様である。後者における「forward」というワードにも，一前進・発展すべきであるという主張が含意されているという意味で一古典的なBBBとの混線が感じられる。

縮小・楽着的復興（Save Sound Shrink: SSS）

筆者は，Build Back Betterの向こうを張って，Save Sound Shrink（SSS），言いかえれば，縮小・楽着的復興と名づけた復興哲学を提唱してきた（矢守，2020）。縮小・楽着的復興では，お仕着せの基準（人口，経済規模など）をたてに復興の「成功・失敗」を言い募ることはない。そうではなく，たとえ，集落から人の姿がやがては消えるとしても，被災者の生が静かに充実するなかで復興過程が「楽着」していく，つまり，縮小過程そのものを豊かにすることを第一義とする。「できる限り静かに生活のなかに溶かし出して生きてゆく」という選択肢を被災者から奪うべきではない。

もちろん，SSSだけが唯一絶対の方向性だと強弁する意図はない。ただ，BBBという流行語に右に倣えと無反省に飛びつくのではなく，それぞれの社会の歴史・現在・将来をよく見据えて，それにふさわしい復興哲学を構想すべく智恵を出し合う努力が必要なことだけはたしかである。

「津波–G–3」で紹介している「未来へのメモワール」という活動は，筆者なりにSSSに取り組もうとしたものである。大きな災害が想定され，人口減にも拍車がかかる高知県黒潮町で，「仮に大きな災害に襲われたとして，あなたが未来に残しておきたい大切なものは何ですか」と問いかける活動だ。通常の防災対策や地域振興策もむろん重要だし，ささやかではあるが筆者もその一端を担っている（[津波–G–1］［津波–T–3］［津波–T–4］など）。しかし，それだけでは足りない。縮小にブレーキをかけるだけでなく，「大切なもの」へ目を向けることで，縮小する今このときのかけがえのなさを確認し，縮小それ自体を豊かにしようとするねらいだ。

「地震」-T-1　被災地と未災地のクロスロード

2017年4月，筆者は，熊本地震（2016年）から1年が経過した熊本県熊本市を訪ねた。「クロスロードのつどい全国大会 in 熊本」という催しに参加するためであった。「クロスロード」とは，筆者らが阪神・淡路大震災の経験をもとに開発したワークショップ形式の防災学習教材の名称である［前著－地3］。

「クロスロード」とは「分かれ道」，そこから転じて「重要な決断」を意味する。この教材は，たとえば，「あなたは避難所担当者。3000人が避難している避難所に届いた食料は2000人分のみ。すぐに配るか。イエス or ノー？」のように，阪神・淡路の被災者が実際に直面した難問を二者択一形式の設問として提示し，グループで議論するものである。

キャッチフレーズは「正解のない教材」。被災地には，立場や状況によりけりで，そう簡単に正解を決めることができない難問が続出する。それでも，「そのとき，その場で，みんなで正解を作る」ことが求められる。「クロスロード」はそのための事前練習だ。幸い，その後広く活用いただき，ユーザーが作る全国組織も発足した。各地で「クロスロードのつどい」と呼ばれる交流会が開催されるようになった。今回，その会が熊本の仲間の呼びかけで開催されたわけである。参加者は約100人。うち半数は，仙台，広島，神戸，高知など，県外からの参加であった。

上に例示した設問は熊本の被災地でも発生した課題である。阪神・淡路以来20年越しの課題が熊本でも現れてしまったのだ。他方で，熊本の仲間は，非常に余震活動が活発だった熊本地震の特徴を踏まえて，こんな熊本特有の設問も準備してくれた。「あなたは避難所担当者。避難者の中に避難所になっている小学校の建物内へ入るのを怖がる人がいて，車を校庭にとめて外で生活させて欲しいと訴えてくる。運営マニュアルでは一般車の乗り入れは禁止となっているが，自家用車を受け入れる？」。

それぞれの被災経験を設問のかたちで表現し，それをめぐって，熊本の被災者と阪神・淡路，東日本といった近年の大災害の経験者，さらに，南海トラフ地震など将来大災害に見舞われるかもしれない未災地の人たちが意見交換を行う。「クロスロード」はそのためのメディアである［津波-S-2］。

交流会の翌日訪問した熊本県益城町では，被災者に現地を丁寧にご案内いただき，加えて被災からの1年間について聞かせてもらった。一人の女性はおよそ15分の話の間，ずっと涙ぐんでおられた。「どうしても気持ちを抑えきれなくて，お見苦しいところを…」という言葉で締めくくられた女性のお話すべてが衝撃的であった。

なかでも，お話の冒頭での言葉が，筆者には特に大切だと思われた。「東日本の様子を見ても，大変だねと思うだけで，正直，他人事でした。でも，自分たちがこういう立場になって…」。どうして学ばなかったのか，なぜ気づかなかっただろう，同じ日本のすぐ手の届くところにそれはあったのに…そんな思いだと推察した。

ここには，災害の経験や教訓を伝える活動全般が見逃しがちな大切な指摘がある。それは，被災の「後」に何を経験したか，どのような教訓を得たかだけでなく，いや，それ以上に，被災の「前」に，なぜ防災・減災へ向けた一歩を踏み出せなかったのか。逆に何があればそれは実現したのか。それを伝えることの大切さだ。

この作業は，被災経験そのものの集約や発信以上に難しい。阪神・淡路や東日本の被災地が十分に達成できなかった課題である。筆者自身も，被災地と未災地が出会う交差点としての「クロスロード」の試みを通じて挑戦し続けていながら何度もはね返されている難題でもある［心理-S-5］。

「地震」-T-2　大阪府北部地震を経験して

災害が起きるたびに，「今回新たに浮き彫りになった課題は？」と尋ねられる。研究者もマスメディアも，新しく表面化した課題を探すのが好きである。その方が研究的価値やニュースバリューがあるからだろう。

しかし，筆者自身も大阪府豊中市の自宅で揺れを体験した大阪府北部地震（2018年6月18日）ほど，新しい課題を探すことが困難な災害はない。これまでも繰り返し指摘されながら放置ないし軽視されてきた課題が，そのままのかたちで再度登場している。すべてが既視感，つまり，「かつて経験したことがある」という感覚を伴って体験される。このことが，大阪府北部地震の最大の特徴と言ってもよい。

まず，このポイントについていくつかの例を通して確認しておこう。膨大な数の帰宅困難者と都市ターミナル周辺の大混乱，エレベータへの閉じ込め（東日本大震災，2011年），水道，ガスなど地下ライフラインの脆弱性（中越地震，2004年），老朽化した住宅の低耐震性，家具固定の重要性（阪神・淡路大震災，1995年），コンクリートブロックの危険性（宮城県沖地震，1978年），SNS上を流れるデマ情報（熊本地震，2016年），そして，実は身近にあった活断層のリスク（たとえば，阪神・淡路大震災や熊本地震）など，このリストはいくらでも長くできる。

言いかえれば，同地震には「想定外」［心理-T-4］がほとんどなかった。防災研究は，これまで「想定外」に焦点を当ててきた。しかし，防災研究にとって本当に深刻なのは，「想定外」よりも，むしろ「想定内」の方である。ある対象を危険だと知りながら，それらに対して十分な手を打ってこなかった事実，言いかえれば，「想定内」にあった課題によって生じた被災や被害の方が，「想定外」の被災や被害よりも，preventable だったという点ではるかに重大かつ深刻である。防災研究は，latest（最近）や unknown，new（未知・新奇）ばかりに光を当てる悪癖から，そろそろ卒業しなければならない。代わって，known-but-untouched（既知だけど手つかず）にもっと注意を払うべきだろう。

「私たちが伝えたいことは，“本気”の防災です」。これは，阪神・淡路大震災の経験を語り継いでいる団体「語り部 KOBE1995」の代表田村勝太郎さんの言葉である。大震災の経験者がたどり着いたこの言葉は重い。なぜなら，防災・減災にとって最大の敵は，もはや「知らない」ことではなく，むしろ，十分知っているにもかかわらず「“本気”になっていないこと」がもたらす被災や被害，つまり，「想定内」の被災や被害だと看破しているからだ。

問題解決へ向けた糸口を探ってみよう。筆者の研究室では，「押しかけ家具固定」と呼ぶ取り組みを実施してきた。過疎高齢化が進む地域で家具固定が進まないのは，「する気がない」からではなく「できない」からだと気づいたからだ。一度でも実際に家具固定をしたことがある人ならわかる通り，あの作業は，特に独居で身体が頑健でない高齢者（単独）には実施困難である。そこで，筆者らは，地元の電器店の方などこうした作業が得意な住民とアシスタントの小中学生から成るチームで「押しかける」手法をとった。

要するに，家具固定に関する“本気”が問われているのは，家具固定が必要とされる側（だけ）ではなく，家具固定を推奨する側だったというわけである。「家具固定しましょう！」と，従前と変わりばえしない教育・啓発活動をするだけの姿勢には，まさに“本気”が欠落していたのだ。ささやかな試みであるが，こうした小さな“本気”の積み重ねが，巨大な災害に対して人間が対峙するための最強の武器だと思う。

「地震」-T-3　三大震災の顔

日本の歴史には「大震災」の呼称がついた災害が3つある。「関東大震災」(1923年),「阪神・淡路大震災」(1995年), そして「東日本大震災」(2011年) である。いずれも甚大な被害をもたらした「大震災」であるが, その特徴は大きく異なっている。

関東大震災では, 死者の約9割が地震後に発生した大火災が原因で亡くなっている。阪神・淡路大震災では, 死因の約8割は圧死・窒息死であり, 建物倒壊が課題視された。そして, 東日本大震災では, 死因の約9割は溺死で, むろん巨大な津波によるものである。このように, 関東大震災は火災, 阪神・淡路大震災は建物倒壊, 東日本大震災は津波と, 同じ「大震災」でもまったく異なる顔をもっている。

2016年4月に発生した熊本地震も, 非常に重要な, 特有の表情をもっている。熊本地震で亡くなった方は273人, このうち, 建物倒壊等による直接死は50人であり, いわゆる「災害関連死」がその4倍以上を数える (2017年4月時点)。「災害関連死」が全体の8割以上に上っている事実は深刻な課題である。余震活動が桁外れに活発で避難した方々に追い打ちをかけたことも影響しているだろうが, 今後社会の高齢化がさらに進み, 身体に不調を抱えた人たちが数多く被災することが予想されることを考えても, 見過ごしにできない顔である。

3つの大震災, そして熊本地震には, それぞれ特徴的な顔があることを見てきた。ここで問題となるのは,「次」がどうなるのかということである。もちろん, 次の大災害の顔を正確に予想することはできない。現に, 上で見たように, これまで私たちは, 火災だと思っていたら建物倒壊に, 建物倒壊に用心していたら津波に…と, 自然災害に翻弄されてきた感がある。

この経験を踏まえて，あえてキーワードを１つあげるとすれば，「複合災害」ということになる。つまり，次の大災害は，私たちが経験した災害の顔を複数もちあわせたものになるかもしれない。実際，近い将来の発生が心配されている南海トラフ地震は，巨大な津波に注目が集まりがちだが，地震発生域が陸地に近いために，強い揺れも心配である。津波だけでなく，地震動による建物倒壊，それに伴う大火災の発生も十分ありうる。

加えて，地盤災害との複合も懸念される。2004 年の中越地震は，大規模な土砂崩れ，山間部の孤立，河道閉塞，トンネル崩落現場でのレスキューなど，地盤災害の印象が強い災害であった。ここに，地震の発生日（同年 10 月 23 日）の直前 10 日間の雨量データがある。被災地周辺では 200mm 近い降雨があった。しかも，直前の 20 ～ 21 日に台風 23 号の影響でまとまった雨が降っている。地震が誘発する地盤災害は，地震動や地盤の性質に大きく影響されるが，直前の大雨が誘因となったことも否定できない。中越地震は，「大雨＋地震＝地盤災害」という複合災害の公式にのったケースなのだ［前著 - 天 6］。

ただし，どのような複合が起きるかは，その時々の偶然に左右される。東日本大震災では，直前にほとんど降水がなかったので，大規模な地盤災害は多くは発生していない。しかし，それは単に幸運だったからとも言える。阪神・淡路の火災の煙はほぼ真上に上がってる。冬にしては幸い風が弱かったからだ。それでもあれだけの火災になった。もっと風が強かったら，どうなっていたか。

災害については，これまでの顔にしっかり学ぶと同時に，次の顔について，よい意味で想像をたくましくすることが大切である。

「地震」-T-4　震度というものさし

筆者の研究室では，ここ数年，メキシコにおける地震・津波防災教育に関わっている［津波 -T-2］。その一環で，スタッフがメキシコの中学校で地震に関する授業をしていたときのことである。日本では，簡易地震計とオシロスコープを使って，揺れを波形として提示すると子どもたちが強い関心を示すのに，メキシコではそうならない。なぜだろうか。震源地付近で生じた地震動が「波」として周辺へと徐々に弱まりながらも伝わっていく—この「波イメージ」がメキシコにはないからではないか。これが現時点の仮説である。

では，逆に，日本では，専門的な正確性はともかく，この「波イメージ」が一般市民にもそれなりに共有されている理由は何か。その鍵が，おそらく「震度」にある。日本ではあまりにも当然なので，かえってよく知られていないが，「震度」というものさしは，日本のオリジナルで，日本にしかない。他国にも類似のものはあるが，専門家だけが使う特殊用語で，老若男女みなが口にするような代物ではない。

それなら，他国では，揺れの大きさをどのように表現しているのか。「マグニチュード」である。メキシコでも「マグニチュード」という単位はよく知られている。もちろん，「マグニチュード」は，地震そのもののエネルギーを表す単位だから，地震1つに対して1つしか存在せず，さまざまな場所がどのくらい強く揺れたかを表現できるものさしではない。たとえば，阪神・淡路大震災のマグニチュードは7.3であった。しかし，その地震で，どのくらい揺れたかは当然，場所によってさまざまだ。震源地近くの淡路島や兵庫県南部の一部地域では最大震度7を記録したが，大阪や奈良では震度4，名古屋や広島で震度3，東京などで震度1を記録した。

日本では，地震が発生すると，数分後には，震源地を示す×点と各地の「震度」が，×点を中心とした同心円状に分布した図としてテレビ等で提示される。一点で発生した揺れが四方八方に波となって伝わるイメージは，おそらくこの図から生じている。

日本ではあたりまえの，この震度分布図がどれほどありがたいものか，言いかえれば，「震度」というものさしが日本の大切な財産であることは，他国で地震が発生したときの様子を見るとよくわかる。メキシコでも，2017 年 9 月，2 度にわたって大きな地震が発生し混乱も生じた。メキシコに限らず，地震発生時に，商店での略奪，うわさの流布といった混乱が生じる社会は少なくない。筆者は，その一因は，「震度」にあたるものさしがないためだと見ている。今感じた揺れは，どのくらい深刻なのか。以前の地震より大変な事態なのか。そもそも，揺れたのはこの周辺だけなのか，ほかの地域でもそうなのか。そういったことがわからないことがもたらす不安が，社会的混乱の温床になっている。

それに対して，「震度 4 なら大きな心配なし」，「震度 6 強となると，停電しているかも」といった感覚が，一般市民の間でも広く共有されている日本社会では，あの同心円図を見ただけで，地震のサイズ感がたちどころに共有され，かつ，自らのポジション（たとえば，中規模の地震だけど，自分が一番ひどいところにいるとか，巨大地震で大きく揺れたけど，より深刻な地域が他にあるとかいったこと）が，すぐに了解できる。

筆者は，この「震度」という知恵は，もっと積極的に輸出したらよいと思う。また，「ニホンで地震があったときには，“Shindo” という数字で各地の揺れの大きさが知らされます…」と，日本を訪問する外国人旅行者に前もって知らせておくと，減災対策上有益だと感じている。

「地震」-T-5　自助・共助・公助

2019年3月，筆者は，「熊本地震3年，教訓を明日へ」と題するシンポジウムに出席した。パネル討論での議論を聞いていて印象に残ったことは，避難所でも，地域に点在する「見なし」を含めた仮設住宅でも，被災者をはじめ住民自身が結成した組織，県内外を含めた民間支援団体，そして行政が「連携」した支援が大切だし，実際そうした支援こそが効果を発揮しているということだった。たとえば，高齢者の孤立対策1つとっても，住民によるふだんの声かけ，支援団体による巡回訪問，行政による交流の場の設定など，多様な関係者が連携した努力が展開されていた。

ここで大切なのは，「連携」の実質である。実は，パネル討論に先だって，筆者は基調講演を担当させてもらった。テーマは「自助・共助・公助」である。「自助・共助・公助」は，防災や復興の分野で便利に使われる言葉である。特に，「防災・減災では，自助・共助・公助のバランスが必要です」というフレーズはありとあらゆるところに溢れ，ほとんど無反省に使われている。

しかし，この言葉，実は要注意である。「ここまでは自助」（住民や被災者が自分ですること），「それは共助」（ご近所で協力する事がら），「ここからが公助」（役所の守備範囲）のように，責任範囲や役割分担を固定化するために使われるなら，百害あって一利なしである。「それって，私じゃなく，あなたのやることでしょ」を主張するためなら，「自助・共助・公助」は使わない方がいい。それぞれの責任範囲を明確化するかに見えるフレーズが逆に互いの責任転嫁を招く場合があるからだ。

そうではなくて，これまでの分業感覚や棲み分け意識を取っ払って，みなが「ワンステップ・フォーワード」して，新しくチャレンジする。その小さな一歩が，社会を大きく変える。その一歩を促すためにこそ，「自助・共助・公助」という言葉は使われるべきだし，本当の「連携」は，そのときにこそ実現する。

縁あって，2018年に発生した大阪府北部地震の被災地に誕生した「茨木ベース」と呼ばれる場所を訪れたことがある。そこは，それ以前に廃園になっていた茨木市立の幼稚園であった。同地震では，多くの家屋が屋根の部分に被害を受けた。その後同じ関西地域を襲った複数の台風も災いして，復旧活動は遅れ気味であった。損傷した屋根のブルーシート張り作業をボランティアとして展開する団体「NPOレスキューアシスト」（中島武志代表）が，そこを活動拠点として利用し，息の長い支援活動を続けていた。

「茨木ベース」の運営には，中学生を含む地元の住民も関わっていた。屋上での作業は一定の技能をもった人にしかできなくても，必要な資材の準備作業などは十分担えるからだ。そこには，個人宅の補修なのだから自助の範囲だという固定観念はない。また，そこは市の管理施設である。長期にわたる利用には，「どうして特定の団体にだけ…」という批判に応じるためにも，行政や社会福祉協議会の踏み込んだ理解も必要だった。役場（公助）としてはそこまではできません，ではなくて。

あらためて考えてみると，発生から四半世紀が過ぎた阪神・淡路大震災が生んだ「ボランティア元年」とは，要するに，「被災者の救援，それって，消防，警察，自衛隊の仕事でしょ」，「避難所の運営，それって，役場，学校の役割でしょ」という，それ以前の常識の解体だった。それまでの通念やしがらみを超えて「ワンステップ・フォーワード」するために，「ボランティア」という新しい言葉が必要とされたと言ってもよいかもしれない。「自助・共助・公助」という言葉も，そのような精神のもとで使われるべきである［心理–G–1］。

「地震」-T-6 「ふだん」と「まさか」の台湾防災

随所で指摘してきたように［前著－人13，豪雨-T-5や地震-G-1］，防災・減災の基本は，いかにして，「ふだん」と「まさか」を上手につなぐか，である。「ふだん」と「まさか」とは，日常時と非常時ということだから，両者は，まったくちがう性質をもっていて，一見すると無関係のように思える。しかし，そうでもない。

たとえば，防災業界では，「ふだん」できないことは「まさか」のときにもできないとしばしば指摘される。「ふだん」歯が立たない難問が，試験のときに限ってすらすら解けることがないのも同様だ。「ふだん」が「まさか」のときのパフォーマンスに影響するという意味で，両者は関係し合っている。あるいは，この川は絶対に溢れない，この地方には大きな地震はないなどと，「ふだん」強く思い込んでいればいるほど，「まさか」が起こってしまったときの驚き―「想定外だ！」―は大きくなる。「ふだん」の油断が「まさか」の衝撃を高めているという意味で，やはり両者は関係し合っている。

「ふだん」と「まさか」を巧みに連携させて，防災・減災対策を進めている好例を，特に，1999年の集集地震以降，防災対策に力を入れている台湾のコミュニティで見つけた。そこは，台北市郊外，斜面沿いに拡がった新興住宅地で，2014年，土砂災害で大きな被害が出た広島市郊外と似た場所である。実際，このコミュニティには，日本で言う土砂災害警戒区域がいくつか設定されている。

感心したのは，小さな農園とキッチンが付いたコミュニティセンターが果たしている役割である。このキッチンでは，「ふだん」，一人暮らしの高齢者などのために，自治会の役員（「防災専員」という名の自主防災組織のメンバーを兼任）たちが，週5回も食事を作っている。宅配もしている。その食材の一部は自家農園のもので，それ以外にも結構な量の食材ストックがあった。

この仕組みが，「まさか」のときには，直ちに，避難所施設，もっと言えば福祉避難所に転用される。毎日炊き出しの練習をしているようなものだし，食料庫はいつも（ローリング）ストックで満杯である。高齢者にとっても，「ふだん」行きつけの場所が，そのまま（福祉）避難所だから，これほど安心なことはない。

足の不自由な高齢者のために，ワゴンタイプの車もコミュニティで準備していた。「ふだん」は高齢者の送迎に活用し，「まさか」のときには，避難情報の広報に活躍，場合によっては，避難所（センター）への搬送にも利用される。その際，警察の許可を得て使うパトライトとサイレンも装備していた。「ふだん」世話をしてもらっているスタッフが迎えにやってくるのだから，「まさか」のときの避難率も当然高まる。この車は，さらに，「ふだん」，防犯，交通安全などを主目的にした地区内の巡回にも使われ，その際，「排水路が詰まっている」といった防災上のポイントが発見されることもある。もちろん，そのときには，「まさか」に備えて防災専員たちがみなで掃除作業を行う。

このように，このコミュニティでは，「ふだん」と「まさか」の接点があちこちに設定され，相乗効果を上げていた。ちなみに，そこは，台湾の水土保持局（日本の国土交通省に相当）が数年前から力を入れている自主防災組織を中心とした防災事業で，モデル地区の1つに選ばれていた。その意味では理想型に近いもので，すべての地区でこれほどスムーズに事が運んでいるわけではない。

いずれにせよ，「まさか」とは結局「ふだん」である―こう認識した途端，それは，誰にとっても我がことになる。誰よりも自分自身が一番よく知っている「ふだん」に関わることだから，役所や専門家に任せておけばよいとはならないからだ。

「地震」-T-7 「復旧・復興」がなくなる日

あえてセンセーショナルな言いまわしをするなら，日本社会から「復旧・復興」という言葉が消えてなくなるかもしれない。今，このように深刻な危機感をもつべきである。

災害復興には「立て直し」と「世直し」路線がある［前著 - 人8および心理-T-7］。しかし，どちらの路線が望ましいか，何を重視して復興するかといった議論以前に，そもそも，まったく手を付けられず放置されていると思わざるをえない光景を被災地で目にすることが，最近多くなった気がする。

たとえば，熊本地震（2016年）がそうである。この地震発生から2年が経過した時点で，多くのマスメディアが報じたのは，家屋等の復旧工事にあたる「職人などの争奪戦」であった。実際，この地震で被災した筆者の義母の自宅［前著 - 地1，地2］の修理も，現時点（2020年8月）でまだ手つかずである。

深刻なのは，これと同じことが何度も繰り返されている事実，つまり，元通りにできないことが常態化している事実である。たとえば，東日本大震災の被災地では，工場などを新増設するための補助金事業をめぐって，事業が採択された事業者のうち，少なくとも4分の1以上が「人手不足」を主な理由に辞退していた。また，2018年の西日本豪雨でも，広島，岡山，愛媛の3県で進められていた復旧工事のうち約1割が，担当する業者が集まらないために入札不調に終わったとの報道があった。

別の個人的な実感もこれに合致する。関西地域は，2018年，大阪府北部地震（6月），台風21号災害（9月）など多くの災害に襲われた［地震-T-2］。大阪府内の筆者の自宅マンションも，隣家との隔壁が破損するなどの被害を受けたが，資材と作業員不足のため，その隔壁は1年近く仮復旧のまま放置された。また，地震から数ヶ月以上経過しても大量のブルーシートを近隣で目にした。築年数が古い木造住宅の屋根の部分が中心である。こちらも，修繕業者の順番がまわってこないというのが主な理由だ［地震-T-5］。

資機材についても同様の傾向にある。国土交通省が「主要建設機械の推定保有台数の推移」に関する調査結果を公表している。この調査によると，日本社会が保有するブルドーザー，油圧ショベルなどの機材は，若干もち直しているものの，1999年の約120万台をピークとして，近年，その3分の2程度にまで減少していた。不況下で業務を効率化するために，各事業者とも最低限の機材しか保有しなくなったためである。

「創造的復興」，「（単純な）復旧より復興を」など，復旧復興をめぐって提唱されるかけ声は勇ましく，前向きな発想が含まれていることもたしかだ［地震-G-3］。しかし，有り体に言って，それらが意味をなすのは，「元通りにしようと思えばできる」場合に限られるのではないか。

津波，洪水などのリスクが明らかに高い地域に，まったく元通りに家屋や地域社会を再建する前に一度立ち止まって再考し，以前の状態よりも望ましいかたちでの復興プランを考えてみよう。それはうなづける話である。ところが，今起こっているのは，元通りにする力そのものが失われているという由々しき事態である。

元通りに戻すことすらできない。幸い，日本社会は，特に高度経済成長期以降，世界でも，そういった苦境にもっとも縁遠い国の1つであった。しかし，永遠にそうだという保証はどこにもない。どのように「復旧・復興」しようかと議論していたあの頃はよかったと振り返るような日が来ないとは限らない。その危機感をもつ必要がある。

「地震」-T-8　California Earthquake Advisory Plan

米国カリフォルニア州が，California Earthquake Advisory Plan（CEAP：地震予測情報対応計画）と呼ばれるプランをもっている。これは，南海トラフ地震の臨時情報［地震 -G-1］とほぼ同様の情報とそれに基づく事前警戒プランである。

同州に何度も大きな地震被害をもたらしてきたサンアンドレアス断層の周囲で，群発地震，あやしい地殻現象などが観察されたときに，「今から5日間の間に，××地域で，同レベルまたはより大きな地震が起きる可能性が高まっている」といった趣旨の情報が，検討委員会の審議を経て，州政府から出される。

筆者は，このプランの策定に同州の危機管理官として深く関わったジェイムズ・ゴルツ（James Goltz）博士とご縁があり，これまで数回，のべ3年にわたって筆者の研究室に滞在していただいた。ゴルツさんは，「臨時情報」に対する日本社会の対応計画にも，このプランをぜひ役立ててもらいたいと話している。

ゴルツさんから教わったことで印象深かったのが，「fine line between doing too much and too little or between over-reaction and under-reaction」というフレーズであった。つまり，こうした地震の予測情報に対して，私たちは，過剰反応または過小反応の両極に走りがちであるが，それは厳に慎めというアドバイスである。ちなみに，筆者

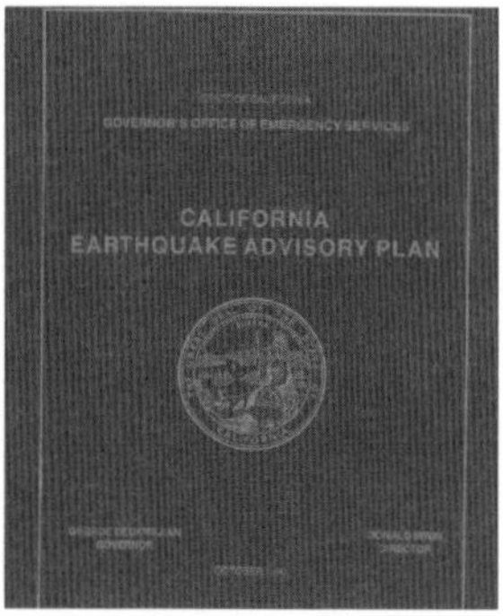

図2-3　「California Earthquake Advisory Plan」の表紙

が［地震-G-1，心理-G-2］で用いた「両にらみ」という言葉は，このアドバイスを反映したものである。

CEAPの最大の特徴は，日常生活や企業活動に大きな負荷をかけるような大がかりな対応を「求めない」という点にある。正確には，地震発生の不確実性（「臨時情報」と同様，実際には地震が起こらない可能性の方がはるかに大きい）に見合わないような，大きな対応負荷は社会に求めない，ということである。たとえば，学校の完全な閉鎖，交通機関や工場操業の停止などを求めると，当然ながら，それ自体，大きな社会的混乱，経済的損失をもたらす。そして，地震が発生しなかった場合（そうなる可能性の方がはるかに大きい），また，それが繰り返された場合，この情報に対する信頼性が大きく損なわれる，というのがその理由である。

CEAPは，1985年の制度発足以降，合計10回発表されており，初期には，流言の発生といった課題が生じたとのことである。「より大きな地震が起こる」，「政府はまだ何か隠している」といった内容の流言であり，地震研究者と政府関係者（自治体関係者）のコミュニケーションにも大きな問題があった。さらに，一般市民に，具体的な対応プランやアドバイスを提示していなかったことも反省材料として指摘され，その後，CEAPは修正の上，改訂された。

なお，上記の10回の情報ではいずれでも，警戒の目安として示された期間（「5日以内」）に，実際に地震が起こることはなかった。もっとも，警戒の呼びかけから，約1ヶ月後，そして数年後に，警戒区域の近隣で実際に地震が発生したことはあったとのこと。「情報の信頼性が揺らぐことは？」との筆者の問いに，ゴルツさんは，「そのためにこそ，もともと負荷のかかる対応を求めない法制・仕組みにした。むしろ，日頃の備えを高める機会だととらえてもらっている」と語ってくれた。まさに，“空振り”ならぬ“素振り”の精神である［豪雨-G-2］。

「地震」-S-1　「オープンサイエンス」の先駆者

［豪雨-T-7］で「オープンサイエンス」や「シティズン・サイエンス」と呼ばれる活動について紹介した。市民が，地震，豪雨など，災害現象の観察，観測，解読作業に直接タッチすることを通して（防災）科学と市民の関係を変革していこうとする運動である。

そのルーツと位置づけられる感動的なエピソードを，先日，天文学者の磯部洋明さんから教えてもらった（磯部，2019）。

> 直接観測に携わった幾多の病友の労も，この書の刊行によって報いられることと思います。この書を手にせらるる方々は，その諸表が単なる数字の羅列ではなく，その一つ一つに観測者の命が刻み込まれていることを知って頂きたいのであります。そしてこの資料を，あらゆる方面に利用し，活用して頂きたいのであります。この書が，いささかでも世に益することがあれば私達の病める命を活かし得たことになるのです。

これは，1930年（昭和5年），ハンセン病療養所（当時は，国立らい療養所）として設立された国立療養所長島愛生園（岡山県）で長年継続されてきた気象観測の報告書に登場する一節である。執筆したのは横内武男氏で，長島気象観測所における観測の充実に中心的な役割を果たした人物である。なお，同所での観測は，1935（昭和10）年から1979（昭和54）年までの44年間に及び1937（昭和12）年からは，気象庁の岡山測候所の正式な区内観測所として認定された。

まさに，科学者による観測・観察の一端を市民（ハンセン病療養所の入所者たち）が担っていたのである。上の一節には，気象観測という活動を通して，科学と，いや社会と関わり，そこに関与できる歓びが，極限的なケースであるがゆえにきわめて印象的なかたちで，また切々と表明されている。

「地震」-S-2　小さなブロック塀対策

大阪府北部地震（2018 年）では，小学校のプール横のブロック塀が倒壊し，小学生が犠牲になった。しかし，［地震 -T-2］で強調した通り，地震時にブロック塀が恐ろしい凶器になりうることはかねてから指摘されていたことで，十分「想定内」であった。私たちは「本気」になって取り組んでこなかったと言わざるをえない。

ささやかだが，人びとが「本気」で取り組み始めた事例を 1 つ紹介しておこう。筆者らが 15 年近く関わっている太平洋に面する高知県四万十町興津地区の事例である。津波リスクを抱えた地域では，ブロック塀は通行人に対する直接的な被害だけでなく，倒壊による道路閉塞を通して津波避難にも悪影響を及ぼすため，その対策は特に重要である。

そのため，興津地区でも，他の市町村と同様，高知県と国の補助制度を活用したブロック塀対策を進めている。その際，地元の住民組織も関与しながら，1 軒要望があがったら数軒分まとめてやれるように近隣のお宅へ話をもちかけたり，親戚や知り合いが近隣にいる地区から話を進めたりするなど，実践上の工夫をこらしている点が注目される。

津波避難路の確保という観点からは，1 軒だけでは効果が上がらないし，数軒まとまると工事費も割安になる。そのため，親戚や知り合いがある程度まとまって居住している地区の方が，「まとめて一度に工事しませんか」という交渉もやりやすい。

もっとも，地方には空き家も多く，ブロック塀（家屋）の所有者を特定しアプローチすること自体に難関があるとも聞く。ただ，その意味でも，ご近所や地域の住民組織の協力のもと，「みんなで進める」という体制が望ましい。

「地震」-S-3　IoTと地震防災

地震防災の世界にも，おなじみのIoT（Internet of Things）が進出してきている。IoTとは，モノたちのインターネットという意味で，そこでは，もはやモノとネットの区別が消失する。

ここできわめて重要なことは，IoTとは，単に，冷蔵庫も車もめがねもネットにつながっていますよ，ということではないということだ。それらネットにつながったモノたちを使った人間活動が，そのままダイレクトに―取材や編集や報道といったプロセスを全部すっ飛ばして―情報に置き換わってしまう。この点がIoTというコンセプトの根幹である。

たとえば，防災業界ではすでにおなじみで，東日本大震災や熊本地震でも力を発揮した「通れた道マップ」は，ヘリを飛ばしたり，情報連絡員を現地に派遣したりして，「ここでも道路が寸断されています！」などとやる必要性をなくした。また，ケータイ通話記録（ビッグデータ）を解析すれば，「大阪駅前，こんなに混雑しています」などと現地レポートする必要もない。通信記録だけでどれくらいの人がどこにいるのか，あっという間にわかってしまう。コンビニのPOSデータを使えば，どの地域には水道が来ていない，どの地域では後片付けを始めた，みたいなことまで推測可能である。

ここまではすでに半ば以上実現していることだが，今後は，「この避難所ではトイレットペーパーが足りません，エコノミークラス症候群が心配です」といった取材や報道も必要なくなるだろう。トイレットペーパーについた電子タグからの情報，高齢者が身につけた機器からの身体情報をもとに，必要なものがダイレクトに被災者なり，支援組織なりに届く。「プライバシー」（個人情報）という観点を棚上げするなら，便利な仕組みだと評価できるだろう。

「地震」-S-4 「その日」生まれの青年（その1）

2017年1月，22回目の1.17の日，筆者は，神戸市兵庫区の明親小学校で開催された阪神・淡路大震災の学習会に参加していた。ゲストは中村翼くん。大学で防災について学ぶ大学4年生である。大学4年生，22歳という点に，学習会のポイントはあった。中村くんは，まさに，あの日，1995年1月17日生まれなのだ。

ご両親は，大地震の直後，明親小学校に避難。翼くんの出産予定日は1週間後だったという。しかし，避難所でお母さんの体調が急変。多くの人の助けを借りて病院にたどり着いたものの，あの状況である。最後は停電のなか，お父さん自身が手にした懐中電灯の灯りの下で，翼くんは無事誕生した。

ご両親の気持ちは複雑だった。無事誕生したときの喜びは大きかった。他方で，周囲はあの惨状である。多くの方が亡くなっている。我が子の誕生を手放しで喜ぶわけにはいかなかった。その後も，あの日のことを翼くんに詳しく話すことはなかったという。両親のそんな様子が伝わった面もあるのだろう。中村くんも，複雑な気持ちを抱きながら成長した。「誕生日なのに，みんなのように喜べない」。その後いったん神戸を離れた事情もあって，自分があの日に生まれたことは，あえて考えないようになったという。

数年後，彼は神戸に戻った。その頃になると，大震災の「風化」が問題視されるようになった。そのため，自分の誕生日でもあるあの日についてもっと知る必要があると思うようになった。両親にあの日について尋ねた。自分に対する両親の思いと必死の行動を知って，自分の誕生日を「誇らしい」と思えるようになった。

中村くんの話は，その瞬間はまったく覚えていないというかたちの被災もあるのだということに気づかせてくれた。

「地震」-S-5 「その日」生まれの青年（その2）

前項［地震-S-4］で紹介した，阪神・淡路大震災発生当日生まれの中村翼くんの話を聞く学習会で司会を担当したのは，学習会が開催された神戸市立明親小学校の教諭，長谷川元気さんだった。長谷川さんは，筆者が関与している震災の語り部団体「語り部KOBE1995」［前著－地3］に所属している。長谷川さんは，大震災で母親と幼い弟を亡くした。震災当時は，学習会のときに担任をつとめていた児童と同じ，小学2年生だった。中村くんの話に先立って，長谷川さんは当時の様子を子どもたちに語った（図2-4）。

同じ1月17日が，家族の命日である長谷川さんが，その日が誕生日である中村くんを学習会に招いた。中村くんは，当初，自分の経験は，長谷川さんのような遺族の経験とは正反対だと感じ，震災の学習会のような場に立つことにも強い躊躇をもっていた。でも，長谷川さんに招待されたことで，その気持ちは払拭されたようだ。

あの日にはいろいろな顔がある。誕生しつつある命を必死で守ろうとした人も，そのおかげでこの世に生を得た人も，大事な人を失ったからこそ，そのかけがえのなさを今伝えようとしている人も，みな，あの日とそれ以降を懸命に生きてきた人びとである。

図2-4 「その日」生まれの青年による震災学習会
（左が中村翼くん，右が長谷川元気さん：神戸市立明親小学校）

■コラム２　新語・流行語で振り返る2018年

今年も「新語・流行語大賞」が話題になる季節がやってきた。今回は，30の『候補語』すべてを織り込んで1年を振り返ろう。

それにしても，今年は，本当に自然災害が多かった。サッカーワールドカップの大迫勇也選手のみならず，多くの人が『半端ないって』感じたことだろう。被害も甚大だった。あらためて，被災されたすべてのみなさんにお見舞いを申し上げたい。

主な災害だけを振り返っても次のようになる。まず，小学校のブロック塀の倒壊現場が繰り返し報道された大阪府北部地震（6月）に始まって，7月には平成最悪の豪雨災害となった西日本豪雨災害が発生，その後，『災害級の暑さ』に見舞われた。また，同じ7月には，日本列島を東から西に逆走する台風まで現れた。『悪質タックル』じゃあるまいし，まさかそんな方向からと目を疑った。

その後，甲子園球場で『金足農旋風』がようやく爽やかな風を吹かせてくれたと思ったら，関西空港の連絡橋に大打撃を与えた台風21号災害（9月）の暴風雨が吹き荒れ，その直後に，全道規模の『ブラックアウト』（大規模停電）をもたらした北海道胆振東部地震が続いた。もう無用の混乱は懲り懲りだと，9月末に近づいてきた台風24号のときには『計画運休』する鉄道会社も相次いだ。

これだけ自然の猛威を見せつけられると，災害には想定外がつきものだから所詮何をしても無駄だとばかり，『ご飯論法』風の言い訳でサボリを決め込みたくもなる。しかし，それでは，チコちゃんから『ボーっと生きてんじゃねえよ！』とお叱りを受けてしまうだろう。防災についても，『君たちはどう生きるか』が問われている。『筋肉は裏切らない』らしいから，地道に備えを進め，防災体力を増進するほかない。

被災地には，『カメ止め』せず，記録にも記憶にもとどめたい前向きな動きもあった。たとえば，『スーパーボランティア』として各地で支援活動を展開した尾畠春夫さんの活躍は，二刀流の大リーガー大谷翔平選手の『翔タイム』や，『なおみ節』でも名を馳せたテニスプレーヤー大坂なおみ選手に匹敵する注目を集めた。その勇姿は新たな『おっさんずラブ』を生み出しそうにすら見えた。

しかし，災害ボランティアは，『グレイヘア』で『ダサかっこいい』ヒーロー，ヒロインだけのものではなく，『高プロ（高度プロフェッショナル制度）』にはなじみそうもない。むしろ，被災者の『もぐもぐタイム』に，『ひょっこりはん』がさりげなく顔を出すような，そんな草の根の息長い支援活動が重要だろう。

他方，相次ぐ被害に，災害情報を問題視する声も出た。命に関わる情報の話だから，まさか，『首相案件』ですから『奈良判定』でお願いします，といった不正があったわけではあるまい。しかし，避難指示等を出すタイミングに誤りはなかったのかなど，各種情報の信頼性や有効性を十分再検証する必要はあるだろう。もっとも，『時短ハラスメント（ジタハラ）』のプレッシャーのなか，限られた人員で，空振りも見逃しもなく，常に絶対正確な避難情報を出せと『あおり運転』を強いられる行政職員も気の毒だとは思う。

さて，『GAFA』が先導し，『e スポーツ』，『Tik Tok』など新たな人気ツールを次々世に送り出しているソーシャルメディアは，今年も時代の中心だった。『仮想通貨』を利用した違法行為をはじめ，ネット犯罪の温床になっているとの指摘もある『ダークウェブ』など，その陰の部分が懸念されながらも，それは防災・減災の分野でも欠かせない存在となっている。実際，『#MeToo』が作る，『そだねー』の共感は，今や，災害支援の輪を拡大させるのになくてはならない大きな役割を演じている。

第3章

津波災害

3.11を繰り返さないために

「津波」-G-1　津波避難訓練支援アプリ「逃げトレ」

「逃げトレ」の概要とポイント

「逃げトレ」は，スマートフォンのGPS機能を利用することによって，スマホを携帯して実空間を避難する訓練参加者が，自らの現実の空間移動の状況と，そのエリアで想定される津波浸水の時空間変化の状況を示した動画，この両方をスマホの画面で，同時に，しかも訓練中リアルタイムに見ることができ，かつ事後的にもその様子を確認できるアプリである。「逃げトレ」については，［前著－海7］でも簡単に紹介したが，その後，大きな進展もあったので，杉山・矢守（2019）に基づき詳しく紹介しておこう。なお，「逃げトレ」の詳細は，公式HPを参照されたい（逃げトレ開発チーム，2014）。

具体的に紹介する前に，「逃げトレ」の特徴を予め5点指摘しておく。第1に，集団ではなくて一人で（も）気軽に実施できる，第2に，自然現象（津波の動き）と人間行動（避難行動）の両方が「見える化」（可視化）される，第3に，避難の成功・失敗に関する判定・評価が訓練参加者に直ちにフィードバックされる，第4に，いつ，どこへ，どこを通って，誰と逃げるかは，すべて訓練参加者が自ら主体的に決めることができる，そして，最後に，訓練を通して得られた避難行動データはすべて蓄積され，それ以降の訓練や避難計画づくりに役立てられる。

訓練手続き

スマートフォンに実際に表示される画面遷移をたどりながら，訓練手続きについて紹介する。「逃げトレ」を起動した地点（スマートフォンが取得するGPS位置情報）に応じて，当該地域の地図が自動的に画面に表示される（図3-1）。画面には，アプリを立ち上げた当事者の現在位置（矢印で指示した丸印），当該地域で予想される津波最大浸水域，および，高台など自治体が指定した避難場所（点線で囲んだ丸印）が示される。この画面は，津波ハザードマップ（津波防災マップ）と内容的に同じものである。

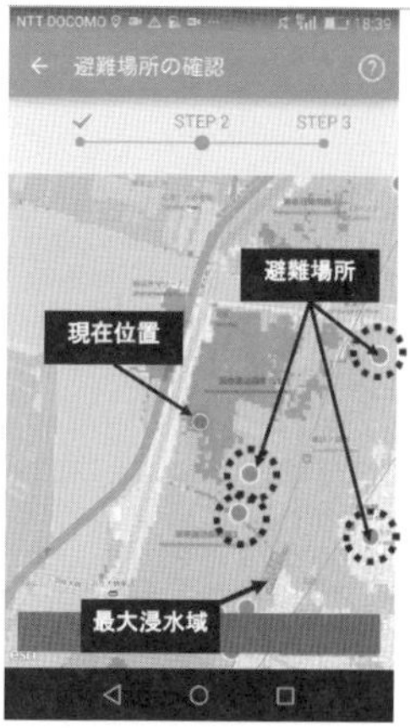

図 3-1 「逃げトレ」初期画面

訓練が開始されると，図 3-2 のような画面が現れる。ここでは，矢印のように，画面左から右へと訓練参加者が避難してきている。この移動記録は，参加者の移動に従って連続した点の軌跡として表示される。このとき，点の色が，訓練参加者の現在位置まで津波が到達するまでの余裕時間に応じて，緑（浸水域外），黄緑（30 分以上），黄（15 分以上 30 分未満），橙（5 分以上 15 分未満），赤（5 分未満），黒（津波に追いつかれた状態）と変化する。

図 3-2 「逃げトレ」訓練中の画面（その 1）

加えて，画面には，その場所に津波が来るまでの余裕時間（3 分 24 秒），地震が発生してからの経過時間（1 時間 51 分 36 秒），および，その場所での予想津波浸水深（3m）も表示されている。同時に，その時点ですでに浸水している領域が表示されており（画面左側の海岸沿いと上側の河川沿岸から浸水している），この領域は動画として徐々に拡大していく。さらに避難を継続して，安全な領

図 3-3　「逃げトレ」訓練中の画面（その 2）

域（浸水想定域外）に出た段階における様子が図 3-3 である。ここでは，訓練者は，矢印で示したように，画面左上から右下の方向へ避難してきており，各時点での現在位置を示す点の色が，当初の赤や橙から黄や黄緑を経て緑へと変化している。

以上の仕組みにより，訓練参加者は，訓練中，常に，自分の避難行動と浸水しつつある津波との関係をモニタリングすることができる。なお，いったん避難失敗の状態（黒色表示）になっても，訓練そのものは継続可能で，アプリもそのまま稼働する。

訓練後には，判定と振り返りを行う。まず，当該の訓練結果（「成功」か「失敗」か）が示される。訓練の成否が明確でないという従来の訓練の最大の弱点を補う意図である。次に，当該訓練の時間経過の全貌，すなわち，開始時点から完了時点までの参加者の移動軌跡と津波浸水状況の時間変化とを重ねた様子を 1 つの動画として見ることができる。すなわち，図 3-2 や図 3-3 を一部として含む一連の状況を動画として見ることができるわけである。これにより，訓練参加者は，自身の避難行動と津波浸水の状況との関係性を地図上で，しかも時間を追って理解することができる。

さらに，同じ動画を，避難開始のタイミングが訓練で実際に設定した時間よりも早かった場合や遅かった場合（「あと 10 分早くスタートしたら」など）を仮想的に設定して，その状況をシミュレーションして表示することも可能である。以上の情報は，スマートフォン内に「訓練アルバム」として保存できるので，新たに訓練を実施した際，以前に行った訓練結果と比較することもできる。

「逃げトレ」が引き出す主体性

最後に，津波防災，特に津波避難訓練に対する「逃げトレ」の貢献について，もう一度おさえておきたい。最大のポイントは，上で4つめのポイントとして指摘したことである。つまり，どのように逃げるのかについて，万一津波が発生した場合に実際に避難することになる当事者（住民）が，自ら考え，試し，検証するためのツールになっている点である。自分の逃げ方を自分で考えるのは，一見至極当然のことのように見える。しかし，従来の避難訓練では，このあたりまえが実現できていなかったのだ。

このことは，「逃げトレ」の次のような利用形態によく反映されている。たとえば，高知県黒潮町では，児童館［津波-S-3］の管理者と子どもたちが，近所に複数ある避難施設（避難タワー）のどちらを利用するのがよいか，「逃げトレ」を用いて比較検証し（図3-4），その結果をもとに避難マニュアルを作った。高知県須崎市では，スマホを使うのが苦手な高齢者を地元の高校生がアシストするかたちで「逃げトレ」を活用し，一人ひとりに最適な避難方法を模索し，それを世帯ごとの個別避難マップとして地域住民に提供した。

図3-4　「逃げトレ」を使った複数の避難場所の比較検証

「津波」-G-2　津波避難のリグレット・マップ

犠牲者の軽減／後悔感情の軽減

津波避難に関する研究や実践は，これまで，津波による犠牲者数を最重要の外的基準として，つまり，犠牲者数を減らし究極的にはゼロにすることを目標として実施されてきた。もちろんこれは当然のことで，筆者も，津波避難訓練支援アプリ「逃げトレ」[津波-G-1] の開発をはじめ，同じ目標のもと仕事してきたつもりである。

しかし他方で，別の視点も重要だと考えている。特に，津波避難対策の困難は，単に，犠牲者数軽減の困難に由来するのではないという事実が大切である。このことは，津波避難原則の1つである「津波てんでんこ」[前著 - 海 1] をめぐる論争について考えてみれば，すぐにわかる。「津波てんでんこ」は，「津波の危険があるときは，親も子も兄弟姉妹もない，ほかの人に構わず，てんでんばらばらに高台に逃げよ」という趣旨の避難原則である。たしかに，「津波てんでんこ」は，東日本大震災でも実際にそうであったように，被害軽減に大きく貢献してきた。

他方で，「津波てんでんこ」は，深刻な心理的葛藤を，災害の事前にも事後にも生じさせる可能性がある。筆者は，こうした心理的葛藤を「リグレット（後悔）感情」と総称している。具体的には，事後には，「助けられたはずなのに，助けに行かなかった」（「見殺し」）というリグレット，「逃げる（逃がす）べきだったのに，助けに行ってしまった（助けに行かせてしまった）」というリグレット（「共倒れ」）が生じうる。また，そうした後悔を抱くことになるだろうと予期するところから，事前にも，「津波てんでんこ」という避難戦略（方針）をめぐって，「それではあまりに利己的ではないか」，「そうするほかないと頭ではわかっても，家族を見殺しにはできない」といった葛藤が生じる。

犠牲者の軽減と後悔感情の軽減，この両者の違いは，要するに，前者が，「自然と人間」の力関係をベースに，犠牲者数を軽減することを主眼としているのに対して，後者では，どのようなかたちで犠牲者が出たのか—「若者を巻き込んで共倒れになってしまった」というかたちで—，また，どのようなかたちで犠牲者が出なかったのか—「今から思えば十分助けに行く時間はあった」というかたちで（消防団など助ける側に犠牲者が出ないとの意味）—が問われている。津波避難について考えるとき，前者（犠牲者の軽減）だけではなく，後者（後悔感情の軽減）を十分に考慮に入れ，それを組み込んだ，より繊細な課題分析や避難計画が求められる。「津波てんでんこ」をめぐる議論はこのことを示している。

避難シミュレーション

以上の問題意識のもと，筆者らは，津波避難対策について，リグレットの軽減に資する避難計画を検討すべきと考えた。具体的には，どのような社会的または地理的条件のもとで，リグレットに直面する人の数が多くなるのか，またそれはどのように解消しうるのかなど，リグレットを考慮した避難計画を立案するための作業を支援する「リグレット・マップ」の作成を試みた。ここではその概要を紹介しよう（詳細は，大西ら，2020）。

検討を進めるためには，複雑な現実を単純化しなければならない。まず，避難の方式（ルール）は２つだけとした。各人がそれぞれバラバラに逃げる「てんでんこ避難」と，周囲の避難困難者を救援する「救援避難」の２つである。また，避難者は，救援者（非弱者），被救援者（弱者）の２つのタイプだけだと単純化した。以上の前提のもとで，避難者たちは「てんでんこ避難」か「救援避難」のうち，いずれか１つの避難ルールを選択すると仮定した。このように事態

表3-1　津波避難におけるリグレット

<table>
<tr><td colspan="2" rowspan="2"></td><td colspan="2">結果として望ましかった避難ルール</td></tr>
<tr><td>てんでんこ避難</td><td>救援避難</td></tr>
<tr><td rowspan="2">選択した避難方法ルール</td><td>てんでんこ避難</td><td>なし</td><td>見殺し</td></tr>
<tr><td>救援避難</td><td>共倒れ</td><td>なし</td></tr>
</table>

を単純化すると，リグレットとは，選択した避難ルールと，結果として望ましかった避難ルールとの間に齟齬があった場合に発生する感情だと見なすことができる（表3-1を参照）。

第1に，「見殺し」は，「てんでんこ避難」を選択したが，結果として「救援避難」が望ましい選択だった場合に生じる。非弱者は，「てんでんこ避難」の結果，助けに行っていれば一緒に助かっただろうに，自分だけ生きのびたとの罪悪感に苛まれるだろう。一方，弱者にも，助けがあれば一緒に助かることができただろうに，という後悔が生じる。「見殺し」は，比較的大規模な津波を想定していたところに，比較的小規模な津波が生じた場合に生じやすい。

第2に，「共倒れ」は，「救援避難」を選択したが，結果として，「てんでんこ避難」が望ましかった場合に生じる。非弱者にとっては，「てんでんこ避難」していれば，自分は生きのびることができたのに助からなかったという感情が生じる。一方，弱者にとっては，救援をお願いしておかなければ，非弱者を巻き添えにすることはなかっただろうとの感情が生じる。「共倒れ」は，比較的小規模な津波を想定していたところに，比較的大規模な津波が生じた場合に生じやすい。

「リグレット領域」

以上の準備をした上で，救援者（非弱者），被救援者（弱者）それぞれの移動可能速度，避難のために移動する距離，複数の津波想定の間のギャップなどをさまざまに変化させたシミュレーションを行った。シミュレーションの結果，後悔感情が生じやすいエリアを特定し，マップ化することができた（図 3-5）。黒く塗りつぶした部分が，リグレットが生じやすいエリアである。

解析の結果，リグレット領域の大きさは，弱者と非弱者の避難速度のギャップが大きいほど，また避難時間が長いほど大きくなること，および，複数の津波想定があるとき，その間のギャップが中程度のときにリグレット領域が大きくなることなどを見いだした。大事なことは，リグレット領域は，避難が（もっとも）困難な領域とは必ずしも一致しない点である。つまり，避難自体の困難と，避難のための戦略（ルール）作りの困難とは別ものである。

図 3-5　リグレット領域の図示（静岡県焼津市内の例）

（★印は主な避難施設）

「津波」-G-3　「たいせつなもの展／未来へのメモワール」

「たいせつなもの展」

2020年1月，発生から25年を迎えた阪神・淡路大震災にあわせて，「たいせつなもの展：絵と写真と言葉で伝える防災」という名の小さな展示会が滋賀県草津市で開催された。企画した江藤沙織さんは筆者の知人で，滋賀県内のマンションを拠点に，主婦そして女性の立場から防災活動を進めている方である。

防災の展示会と言えば，家具固定の器具など防災グッズが並んだり，危険箇所を示したハザードマップが掲示されたりといった光景が思い浮ぶ。しかし，「たいせつなもの展」は，そうではない。自分にとって一番な大切なものを描いた絵や写真が並ぶ（図3-6）。

> 「わたしは，ポメラニアンのうめちゃんです。嫌なことがあっても，うめちゃんを見たら忘れられるから。」
> 「ぼくは，スウェットトレーナー。ぼくがお腹の中にいた時，ママが着ていたそうです。」
> 「子ども。災害が起こっても，一緒にいれば必ず守れる。守ってみせる。たとえ離れていても，真っ先に子どものところに向かえるはず。」

図3-6　「たいせつなもの展」（滋賀県草津市）

> 「歌うこと。子どものころからずっと歌うことがだいすきだった。歌で様々なことを乗り越え，人と出会い，繋がり，今を生きている。」
> 「虫を捕ること，飼うこと。子どものころから虫捕りが大好きだった。ママになってからは，子どもたちと一緒に虫を追いかけて，捕まえて，育てることがとても楽しい。」
> 「きりんのぬいぐるみ。産院でもらったもの，子どもが生まれて初めて目を開いたときに見たもの。」

江藤さんはこう語る。「防災という言葉から，私たちは，たとえば，水や食料などの物資であったり，生きのびるための知識であったり…どちらかといえば，『非日常』を連想しがちです。しかし，私たちは，子育て中のママを中心に，日頃からだれかの小さな『助けて』を拾い合い，助け合いながら，防災は『日常』そして『生活』そのものという意識で活動しています」。

江藤さんは，阪神・淡路大震災の被災者ではない。だからこそ，被災地の「非日常」ではなく，「日常」の暮らしにある「大切なもの」を防災活動の出発点にしたのだろう。災害の恐ろしさは，何でもない「日常」を突如破壊し奪い去ってしまう点にあるのだから。

実際，阪神・淡路大震災に限らず，各地の被災地で，「あの日」以前の「日常」を取り戻したいという強い思いを感じさせる活動が盛んに行われている。たとえば，東日本大震災の被災地では，がれきや津波で汚損した写真を修復したり，模型で在りし日のまちの様子を復元したり，災害で廃止されたバス路線を一日だけ復活させたり，といった取り組みが展開されている。こうした活動も，あたりまえのように存在していた「大切なもの」をもう一度この手に取り戻したいという切実な気持ちの表れであろう。

「大切なもの」の多くは，それがあたりまえの日常から消えて初めて「大切なもの」だったとわかる。しかし，それでは遅いのだ。災害によって奪われてしまう前に，しっかり見つめ直そう—「たいせつなもの展」には，このような思いが込められている。

「未来へのメモワール」

筆者の研究室でも，同様の考えに立って，2019年秋，高知県黒潮町で「未来へのメモワール」(仮称）という名の小さな取り組みを始めた。黒潮町は，筆者が長年にわたって，地震・津波防災に取り組んでいる町である。これまで，何度も，地震・津波の破壊力について住民に伝えてきた。「最大30mを超える高さの津波がやって来るかもしれません，震度7の地震動も強烈です」と。

しかし，だからこそ，災害の脅威だけを強調するアプローチの限界も感じるようになった。災害リスクをダイレクトに伝えるだけでは不十分だ。それでは，人びとを脅えさせ，逆に諦めさせることにつながる場合もある。むしろ，災害によって奪われてはじめて，「あれだけは残しておきたかった」と後悔することになる存在，言いかえれば，未来へと引き継ぎたいメモワール（思い出のものやこと）

図3-7　残しておきたいものを表現したパネル

を通して，災害への感受性と備えを高めてもらうことが必要だ［地震-G-3］。

「仮に大きな災害に襲われたとして，未来に残しておきたいものは何ですか」。この問いかけに対して，実に多様な回答が返ってきた。父親の写真，コンクールに入選した作文が掲載された文集，集落自慢の冷泉，昔の田植えの道具，学校の食堂の××定食，家族との会話，みよちゃん（集落の人気者の女性）など。思い出の品物や写真もあれば風景もある，形や物にはならない出来事を選んだ方もいた。図 3-7 は，このうち，1 枚だけ手元に残された「父の写真」を選んだ方の思いを，その写真とともにパネルにしたものである。

こうしたパネルを集めた小さな展覧会も開催した（図 3-8）。展覧会を見学して，「自分は……が大切」と考え始めてくれた方がいた。また，取り組みを契機として，「大切なもの」を安全な場所へと移してくださった方もいた。

私たちはみな，これら，ふだんは「なんちゃあない」（黒潮町周辺の言葉で，特別何ということはないという意味）と思われるものやことに恵まれて暮らしている。今，それらのありがたさにもう一度目を向けよう。この再確認こそが，災害への備えの原点でもある。

図 3-8 「未来へのメモワール展」の様子（高知県黒潮町）

「津波」-T-1　訓練と本番の「ねじれ」

筆者らは，高知県四万十町興津地区で約15年にわたって継続してきた津波防災に関するアクションリサーチを通して，津波避難訓練への参加の有無と実際の災害時の行動との間に「ねじれ」があることを見いだした（矢守・浦上，2019）。具体的には，伊予灘地震（2014年3月）の際の避難行動と，その直前の2012年に実施されたものを含め，複数の避難訓練への参加の有無との関係を，訓練参加データと綿密な聞きとり調査を通して分析した。

伊予灘地震は，2014年3月14日の午前2時過ぎに伊予灘を震源として発生した地震である。興津地区でも大きな揺れ（震度4程度と推定）を観測した。深夜の発生のため，観測震度以上に大きな揺れを感じた住民も多く，「（南海トラフ地震が）ついに来たか」と思った人もいたという。そのため，地震発生から数分後に「津波の心配なし」の情報がテレビ，ラジオで伝えられたにもかかわらず，興津地区でも10数名が高台の避難所に実際に避難し，自宅周辺で情報収集や避難準備をした人も多数いた。

訓練と実際の災害時の行動との関係は，以下の通りだった。すなわち，調査対象の110人のうち，（a）訓練に参加し本番でも避難した人が18人，（b）訓練には参加していたが本番では避難しなかった人が32人，（c）訓練には不参加だが本番では避難した人が25人，（d）訓練には不参加で本番でも避難しなかった人が35人，であった。このうち，（b）の32人と，（c）の25人は，訓練と本番の行動との間に「ねじれ」があると考えてよいだろう。

注目したいのは，「ねじれ」の理由である。たとえば，（b）のカテゴリー（訓練には参加，本番は避難せず）の人には，訓練には「毎年している地域の行事ごとだと思って参加している」が，今回の地震では「この程度の揺れでは津波はこないだろうと思った」との理由を示した人がいた。また，(c) のカテゴリー（訓練には不参加，本番では避難）に該当したある人は，伊予灘地震時に近隣住民への避難呼びかけまで行っていたが，分析対象とした 2012 年の訓練を含め近年実施された計 11 回の避難訓練には，「忙しくて」一度も参加していなかった。ただし，この人物は，「娘から防災の話はよく聞く」と語っていた。娘とは，防災教育に非常に力を入れている地元の興津小学校［心理–T–6］に通う小学生である。

「ねじれ」とその理由は，いくつか重要なポイントを示している。第 1 は，防災意識（津波リスクの認知，危機意識などと読み替え可）という名の「意識」の怪しさである［心理–G–1］。ねじれが無視できない程度に存在する事実は，これまで素朴に仮定されてきた「防災意識高（低）＝訓練参加度高（低）＝実際の避難率高（低）」という相関関係に疑問を抱かせる。言いかえれば，一人ひとりに帰属される防災意識なる「意識」が避難訓練や実際の避難に対する能動性を駆動している—この仮定は正しいのかという疑問である。「地域の行事ごと」だから訓練に参加し，本番では「この程度なら」と避難しなかった人の防災「意識」は高いのか，それとも低いのか。11 回続けて避難訓練に不参加だったが，本番では避難した人の防災「意識」は高いのか，それとも低いのか。

第 2 のポイントは，避難する当事者が，避難に対して「能動的か，受動的か」という整理にはおさまりそうにないパターンの存在である。多忙を理由に訓練にはまったく出ないが，「娘から防災の話はよく聞」き，本番では自ら避難すると同時に近隣住民に対する呼びかけまで行った人は，逃げることに対して果たして能動的なのか，受動的なのか。どちらかに簡単に決することなどできないし，そもそも決することに意味がないように思われる。この問題意識が「中動的に逃げる」という発想［津波–T–8］へとつながっていく。

「津波」-T-2　メキシコでの津波避難教育

筆者の研究室では，2016年から，JICAの地球規模課題対応国際科学技術協力プログラム（SATREPS）の枠組みで「メキシコ沿岸部の巨大地震・津波災害の軽減に向けた総合的研究」に関与している。メインフィールドであるメキシコ太平洋岸のゲレロ州シワタネホ市では，中野元太氏（京都大学防災研究所・助教）［津波-T-7］らの尽力により，学校や地域コミュニティにおいて，計82回の地震・津波防災教育をのべ10,031名を対象に行ってきた（Nakanoら，2020）。

中でも成果を上げたのが，津波避難教育の分野である。その１つが，日本で開発された防災カードゲーム「ぼうさいダック」をメキシコ版にカルチュラルチューニングした「プロテクション・ハグアール」の開発と社会実装である。これは，災害発生時に，最初にとるべき基本対応（頭を守る，高台へ駆け上がるなど）を，幼児等でも学びやすい遊戯（ダンス）形式で学ぶ教材である。この取り組みには，メキシコの関係者が深く関与し，その結果，メキシコにおける防災上の課題や文化的慣行にフィットした教材として，現在，幼稚園，小学校等で広く活用されている（図3-9）。

図3-9　「プロテクション・ハグアール」による防災学習（シワタネホ市）

また，「逃げトレ」［津波–G–1］と類似の仕組みも開発した。津波のリスクがほとんど知られていなかった事情もあり，シワタネホ市周辺では，これまで，日本社会で普通に見られるような避難訓練さえほとんど実施されてこなかった。そこで，本プロジェクトでは，津波リスクについて効果的に学んでもらうために，また，訓練の実効性を確保するために，避難訓練の様子を撮影した映像（人間の動き）と津波浸水シミュレーション（自然の動き）を同時に可視化する「4 画面動画教材」（図 3-10）を開発し，それを実際に訓練に参加した当事者（小中学校の児童・生徒，教職員など）や，地元自治体の防災担当職員などと視聴するワークショップを実施した。

この結果，避難訓練自体が珍しかった地域で，小中学校が主体となった訓練が盛んに行われるようになり，中学校では，生徒が地域のリスクマップを自ら作成するようになった。加えて，地域住民が，初めて，CERT（Community Emergency Response Team）と呼ばれる自主防災組織を結成し，大規模火災時に CERT が早くも大活躍した。自治体の消防，軍隊といった，これまでとはまったく異なるプレーヤーが防災の領域に加わることになったのである。

図 3-10　津波避難訓練の結果を可視化した「4 画面動画教材」

「津波」-T-3　フット・アウト・ザ・ドア

「××さん，どうぞ！」，合図の声が屋外から聞こえてきた。「よいしょっと」。その高齢者は顔をしかめながらも，何とか自力でベッドから起き上がった。92歳の女性，背中に痛みがある。壁に手をつき身体を支えながら，ゆっくりと隣室の台所へ移動，そして玄関へ。杖を片手に三和土のサンダルを履いてドアを開けて玄関先に―。女性を待ち構えていたのは，地元の中学生である。この間，1分あまり。これは，南海トラフ地震・津波の危険性が指摘されている高知県内のある集落で，筆者の研究室が精力的に推進している「玄関まで訓練（屋内避難訓練）」の一こまである（図3-11）。

津波避難訓練と言えば，高台などに駆け上がる光景が，まず目に浮かぶ［津波-G-1など］。しかし，その前に大きな課題・障壁がある。通常の訓練ではスタート地点として設定されていることが多い玄関までが，案外，遠くて大変なのだ。まず，激しい揺れから身を守らねばならない。次に，激震で家具が倒壊し，余震も発生するという過酷な状況のなかで，屋外まで脱出しなければならない。

「玄関まで訓練」の意義は，これだけにとどまらない。それを立証

図3-11　「玄関まで訓練」の様子（高知県黒潮町）

する興味深いデータがある。ある集落で「玄関まで訓練」に参加した高齢者が13人いた。そのうち，通常の避難訓練に参加したことがある人は3分の1だけだった。「もうあきらめている」，「わしがノロノロ歩くと，みんなの迷惑になる」。こんな声を聞いた。そこで，筆者らは「せめて玄関先まで」と呼びかけたのだ。その結果，驚くべきことに，「玄関まで訓練」の体験者13人全員が，高台への上り口までなど部分的なかたちも含めれば，その後開催された通常の避難訓練に参加したのである。

心理学に「フット・イン・ザ・ドア」という言葉がある。これは，セールスマンは「ドア内に足を踏み入れることさえできれば，勝ったも同然」という経験則から来ている言葉である。大きな要求（商品の販売）を一度に呑んでもらおうとせずに，まずはその前提となる小さな要求（「せめて，お話だけでも」）を聞き入れてもらえ。そうすれば，半ば以上成功する。そのような意味だ。

これになぞらえれば，「玄関まで訓練」は，「フット・アウト・ザ・ドア」テクニックと命名できる。「最悪想定の津波でも安心な，高さ20mの高台まで15分以内に来ること」。こんな大きな要求を突きつけては，尻込みしてしまう住民が続出する。高齢化率が50%にも迫るような地域では特にそうである。そこで，「せめて玄関先まで」と，「セカンドベスト」［豪雨–T–2］の目標をまず掲げる。玄関ドアから一歩だけでも外（アウト）に出てくださいというわけだ。それが，より大きな目標へのモチベーションをも高めたことは，上記の通り，データが実証している。

訓練実施後，別の参加者（86歳の女性）は，こんな手紙を中学校に送っていた。「…中学生の暖かい御心に本当に有難く嬉しい気持でいっぱいでした。…今日は又我が家のせま苦しい家迄おいで頂き色々とお世話頂きました事，改めて御礼申し上げます。…大切な事はこの尊い命を共に生きようと言う思いだけです。」

「津波」-T-4　災害に「も」強いまちづくり

「災害に『も』強いまちづくり」。この印象的なフレーズは，2015年秋に，高知県黒潮町で開催された「第1回黒潮町地区防災計画シンポジウム」で話題になったものである。黒潮町は，筆者が長年，主に津波防災活動を通して関わってきた町の1つである。一本釣りのカツオ漁やホエールウォッチングなどでも知られているが，東日本大震災の発生を受けて見直された南海トラフ地震の被害想定で，全国最悪，34mもの高さの津波想定を突きつけられ，全国的な注目を集めることになった。

2012年春，巨大想定が公表された直後，「アブナイ，逃げろ」，町はそんな切羽詰まったかけ声に包まれた。週刊誌は「町が消える」とまで書き立てた。そんななか，あまりに過酷な津波想定を前に避難することをあきらめ，町で暮らすこと自体をあきらめる人が現れた。「避難困難者」ならぬ「避難放棄者」，被災後の人口流出ならぬ「震前過疎」が現実の課題となった。実際，黒潮町の人口は3.11後の10年間で約20%も減少した。

しかし，だからこそ，町民も役場職員も原点に立ち返ったのだと思う。完璧な災害対策を施した要塞のような町，あるいは，24時間365日，災害への防御活動にだけ明け暮れる生活。よしんば，それによって被害を軽減できたとして，自分たちはそういった生活に喜びを感じるだろうか。そんな町が魅力的だろうか。このように問い返したのだろう。

防災・減災のパワーも，復旧・復興へ向けたレジリエンス（回復力）の源も，その基盤は，地域社会が全体として有するエネルギーであり，そこに暮らす人びとがもつ総合的な活力にほかならない。その意味で，「災害に『だけ』強いまち」は，どこかに不自然な部分を抱えざるをえず，究極的には成立しえないと思われる。それは，必然的に「災害に『も』強いまち」というかたちをとるのではないだろうか。

実際，黒潮町は，「ふだん」（日常）と「まさか」（災害）をつなぐユニークな取り組みとして「WE CAN PROJECT」を開始し，これも全国的な注目を集めている。このプロジェクトは，最悪想定の数値にちなんだ「34 ブランド」の缶詰食品を町役場自らが生産・販売する事業である。災害時の備蓄品にもなる缶詰を生産する工場を建設，従業員の雇用創出，地場の食材（カツオなど）の有効利用など，地域社会に対する「一石二鳥」の効果をねらっているわけだ。パッケージに記された「34」のロゴには，津波想定を逆手にとって，「それが何だ，元気な町を作っていくぞ」という意気込みが込められている［前著 - 地 9］。

「ふだん」と「まさか」を上手に結びつけることが防災・減災の鍵となることは，［地震-T-6］で主題的に述べた。また，同じ黒潮町で実施中の「未来へのメモワール」と呼ばれる取り組みのベースにも同じ考え方があることも紹介した［津波-G-3］。豪雨災害に対する対策でも，「情報と体感のブリッジ」［豪雨-T-5］が大切だと確認するなかで，「ふだん」の川の様子と水位と，「まさか」のときのそれとのギャップの重要性に言及した。

「まさか」のときに対する悪い想像をたくましくするだけの危機管理一辺倒の防災・減災に陥らず，「災害に『も』強いまちづくり」をモットーに，懐の深い防災力を醸成することが大切だろう。「ふだん」をあらためて見直しそれを充実させつつ，同時に「まさか」に対する備えも進める。そのための種（シーズ）は，どの地域にも潜んでいるはずだ。

「津波」-T-5 「X がない，Y が X です」

2004 年 10 月，新潟県中越地震が発生した。新潟県川口町木沢集落（現長岡市）は中越地震の被災地の 1 つである。過疎高齢化が進むこの集落で，長年支援活動を続ける宮本匠さん（兵庫県立大学准教授）が，こうした地域の災害復興における課題の根幹を印象的な言葉で表現している。それが「X がない」である。被災者が，「水がない」（地震で水脈が変化），「道路がない」，「若者がいない」などと訴えて，復興に向けた前向きな雰囲気がなかなか出てこなかったというのである。

重要なことは，「それなら，水を引きましょう，道路を建設しましょう」と，X を外部から支援する活動が，逆に地域の依存心を生んで，復興へ向けた被災者の内発的な意気込みや主体的な取り組みの芽を摘んでいる可能性があるとの指摘である。X の欠落・不足という課題に，X の提供・支援という対策で応じるのは，一見自然でそこには何の問題もないように思える。しかし，そうではない。

そんな折，筆者が長年関わりをもつ高知県黒潮町が，かつてこのようなキャッチフレーズを掲げていたことを知った［津波-T-4］。それは，「私たちの町には美術館がありません，美しい砂浜が美術館です」というフレーズである。1989 年に誕生した「砂浜美術館」を象徴する言葉として，事業の牽引役となった松本敏郎さん（元黒潮町役場職員で，現在黒潮町長）らが掲げたものである。砂浜美術館とは，文字通り，砂浜という美術館である。その代表的なイベント「T シャツアート展」では，砂浜いっぱいに 1000 枚の T シャツが潮風に揺れる。BGM は波の音，月の明かりが照明である。

この背景について，松本さんはこう語っている。「地元の高校を卒業して，この地域に就職した私たちは，いつも都会を追いかけ，あこがれてきた。しかし，いくら一生懸命追いかけても，都会はそれ以上に速いスピードで先を走り，決して追いつくことはできなかった。ちょっと待てよ，何かおかしいぞ…と立ち止まった。そして，振り返ったり，自分の足元に目を向けたりして，私たちにとって本当に大切なものは一体何だろうと考えるようになった」。都会にはあるがここにはない X を追いかけてもキリがない。むしろ，それは終わりのない虚しい努力に終始するのではないか。こういう直観が松本さんにはあったのだろう。

たしかに，砂浜美術館のフレーズも，その前半部分は「X がない」のかたちをとっている。しかし，後半部分に「Y が X です」というかたちで，そこからの脱出路が明示されているのだ。立派な美術館を外部からの支援を頼りに新たに建設するのではなく，目の前に広がる砂浜を美術館にしてしまおう。今ここにあるのに，そのパワーを活かしきれていないもの，その価値に気づいていないこと，そういった Y を，X を追い求める代わりに見つめ直そうという姿勢だ。

こうした転換がひとたび生じると，それが周囲に波及していくことも大切である。松本さんはこう語っている。「砂浜が美術館になることによって，松原，鯨，海亀，らっきょう，漂着物，砂，波といった『今まで何気なく見てきた物』が『作品』になってしまうことに気が付いたのです」。実際，たとえば，漂着物の展覧会や砂像制作イベントは，今では砂浜美術館の定番メニューであるが，黒潮に乗って流れつく漂着物は単なるゴミ，砂像は掃いて捨てるほどある砂の山だったはずだ。

何かが足りないと感じるとき，何かがないと不満に思うとき，実はそうしたときこそ，見逃してきた Y を発見するチャンスなのかもしれない。「X がない，Y が X です」は，防災・減災に限らず，あらゆる分野で，導きの糸になりうる思考法だと思う。

「津波」-T-6　防災＝健康・福祉

政府も「防災と福祉の連携」を防災の看板政策の1つとして掲げているが，事態は，さらに進んで，「防災＝福祉」の様相を呈している。試みに，ある集落で，「災害時要支援者リスト」を作ってみたとしよう。この名簿の登載者は，ほぼイコール，「何らかの福祉サービスを受けている住民リスト」になるだろう。そして，過疎高齢化が進んだ集落では，すでに，「災害時要支援者リスト」，ほぼイコール，「全住民リスト」になりつつある。この最後の等式は，別の見方をすれば，「福祉避難所」，ほぼイコール，「一般の避難所」ということであり，言いかえれば，すべての避難所が福祉避難所に期待されているのと同等の環境を有するべきことを示唆している。

「防災＝福祉」の前提に立つと，防災実践における防災と福祉の立場が逆転する点を理解することが重要である。福祉的側面は，従来，防災計画上の難題だとされてきた。「災害時要支援者の避難に関する課題は重い」といったフレーズに見られるように，それは，よしんば他の問題が解消されていたとしても最後まで残る難関だと位置づけられてきた。しかし，福祉が防災の世界で全域化すると，逆に，福祉こそが，これまでにないアプローチを防災実践にもたらす突破口になる可能性がもたらされることになる。

ただし，この考えは，さらに一歩進めることができるし，また進めた方が前向きである。それが，「防災＝福祉」をさらに前進させた「防災＝健康」の枠組み，言いかえれば，高齢者の健康づくりから入る防災である。一見，両者に大きな違いはないように思える。実際，多くの自治体で，「福祉」と「健康」は，「健康福祉課」など同じ部局が担当していることが多い。デイサービスにせよ，訪問リハビリにせよ，何らかの福祉的な支援施策本体なのか（「福祉」），そうした支援を必要とする人をできるだけ減らそう（時期をできるだけ遅らせよう，健康寿命を伸ばそう）という話なのか（「健康」），大した違いではないとも言える。これは，病気に対する治療と予防の関係でも同じことである。

しかし，防災の観点から見たときには，この両者はかなり様相を異にする。たとえば，津波避難対策で言えば，現時点で支配的な「防災＝福祉」の枠組では，自力で避難することが困難な方への支援対策が焦点となる。そして，「まず名簿づくりをしなくては，でも個人情報が…」，「支援する側，される側のマッチングをすべきか否か」といった議論が展開されることになる。

他方で，「防災＝健康」の枠組では，「避難タワーに毎日１回上る日課を」，「××避難広場までは万歩計で約×歩，合計×歩で，町内で使えるクーポン券がもらえます」といったアプローチになるだろう。しかも，しばしば指摘されるように，高齢者の最大の関心事は，子や孫のことを除けば自らの健康状態である。防災に後ろ向きな人でも自身の健康づくりであれば関心を向けてくれる可能性も高い。

長きにわたって健康寿命を全うした生涯を，俗に「ピンピンコロリ」と表現する。ピンピンのＰとコロリのＣをもじって言えば，Physically Capable Life（PCL），つまり，身体的に活力のある人生は，「防災＝健康」という視点からもきわめて大切である。多くの高齢者が自力で避難できる体力と気力をもつ社会は，億万費やして建設する防御施設にも匹敵する防災力を有する。しかも，それだけでなく，当事者や家族のQOL（生活の質）を引き上げる。この意味で，「防災＝健康」が理想的な水準にまで進展すれば，「高齢化」というワードが，防災に対してさして痛痒ではないという状態が実現されることになる。

「津波」-T-7　多賀城高校災害科学科の挑戦

2019年4月，筆者は，宮城県立多賀城高校で約100名の高校生を前に講義を行った。多賀城高校が2016年，東日本大震災の発生から5年目の春に発足させた「災害科学科」の生徒たちである。同校がある多賀城市は，東日本大震災の被災地である。東北有数の物流拠点仙台港の近くに位置するため，多くの幹線道路が通る。そこを津波が襲った。多数の車が流される映像がテレビで何度も映し出された。

宮城県は，大震災を受けて策定した復興計画で防災教育の充実を重点目標の1つとして掲げ，小・中・高校等に防災主任教員を配置するなどした。さらに，「大震災の教訓を確実に次世代に伝承し，将来国内外で発生する災害から多くの命とくらしを守ることができる人材を育成するため」として，防災系の専門学科を新設することを決めた。それが，「災害科学科」である。

「災害科学科」にはモデルがある。兵庫県立舞子高校の「環境防災科」である。こちらは，阪神・淡路大震災後，兵庫県が設置した。大震災から7年後の2002年4月開設なので，一期生はすでに30歳を越えている。筆者は，縁あって，「環境防災科」の卒業生たちの多くを高校生のときから知っている。

彼らを見ていていつも感じることがある。実際の社会で「生きる力」の強さだ。卒業生の一人（女性）は，被災地支援などで著名なNPOのスタッフで，全国の被災地支援や防災教育で大活躍してきた。今，筆者の研究室で助教をつとめ，メキシコでの研究プロジェクトなどを担ってくれている中野元太氏［津波-T-2］も，環境防災科の卒業生である。彼らの実力は，明らかに「環境防災科」時代の経験が育んだものだ。水害の被災地で救援活動に取り組んだ経験，高校周辺のコミュニティで自主防災活動を手伝った経験，国際会議で英語のプレゼンに挑戦した経験，こうした経験が，彼らの「生きる力」を形づくっている。

多賀城高校の「災害科学科」も同様である。地元大学の防災研究者の指導を受けながら津波浸水深を示す「波高プレート」を市内各所に設置したり，そうした独自の活動を仙台市等で開催された国際学会で発表したりしている。

ここで「生きる力」という言葉をあえて重ねて使ったのは，この言葉が，今後順次実施に移されていく「新学習指導要領」において，「主体的・対話的で深い学び」とともに，キーワードとして使われているからである。国内外の被災地や災害常襲地域で，地域住民や専門家とともに，復旧・復興や防災・減災のための活動を共になし，その成果を発信することは，まさに「新学習指導要領」が目指すところを先取りするものと言えよう。

こう力説したくなるのは，両学科が直面するドライな現実も一方に存在しているからだ。それは，通常なら，英語・数学といった教科に充てる時間の一部が，「科学技術と災害」や「Active 防災」など独自科目で占められていることから，「普通科と比べて，（大学）進学対策上，不利になるのでは」といった声が，中学校関係者や保護者から寄せられることがあるというのだ。しかし，国際会議で，英語でプレゼンすること以上の英語力が他にあるのだろうか。また，最前線で活躍する防災研究者と共に活動すること以上に「主体的・対話的で深い学び」を得る機会があるのだろうか。

多賀城高校での講義の後，何人もの高校生が筆者のもとに集まって来てくれた。講義に関する質問に加えて，多くが口にしていたのが「地元で防災や復興に関する仕事をしたい」，「故郷でまちづくりを手伝いたい」という夢だった。彼らが社会で活躍する日も，そう遠くはない。

「津波」-T-8 「中動的」に逃げる

國分功一郎氏の著作『中動態の世界：意志と責任の考古学』（國分, 2017）は，論壇で大きな話題となり，哲学・思想の領域だけでなく，福祉，看護，精神医療など多くの実践的な領域に，今もなお大きな影響を与えている。そのような話題作を，しかも決して平明とは言えない内容をもった著作の全容を正確にとらえる力量は筆者にはない。しかし，（津波）避難という領域に絞って，同書の主張の中核部分を読み解くことならできるように思う。

同書が主張していることは，要するに，意志（私が逃げるという意志とか）や責任（逃げる自由もあったのに，逃げなかったのはあなたの責任だとか）という思考の構えは出来事や行為の本質を逸している，ということである。あらゆる出来事や行為について，その原因となる意志や責任の帰属先，言いかえれば，能動性の帰属点となる個人（と同時に，帰属点とならない，つまり受動性しかもたない個人）を同定しようとする思考の構えは，本当はおかしい。

ところが，日本語を含む多くの現代言語が，「私は逃げません」とか，「消防団に促されて逃げた」とかいった能動態・受動態の文体しかもっていないために，私たちは，どうしても「能動対受動」の枠組みで世界を見てしまう。しかし，本当は，能動でも受動でもない行為のあり方があるのではないか。それが見えなくなっているのは，言いかえれば，行為を「能動対受動」という視角からしかとらえられないのは，出来事や行為の本来のあり方をより適切に表現していた「中動態」という文体を，私たちが遠い過去に失ってしまったからだと言える。

以上が，筆者なりの中動態論の要約である。國分氏は，古代ギリシャ語などに，実際に，能動態でも受動態でもない中動態という態

(middle voice) があったこと，また，ほかならぬ日本語でも，たとえば,「れる，られる」がもつとされる4つの意味のうち，特に「自発」に中動態の性質が色濃く残存していることを言語学的に明らかにしている。

具体的な事例として，再び,「津波てんでんこ」[津波-G-2] に注目しよう。[前著 - 海1] で,「津波てんでんこ」の効果は,「お父さん，お母さんがてんでんこに逃げてくれないと，ボク，ワタシも逃げることができない」という関係構造から生じると指摘した。親が,「お父さん，お母さんも，自宅や職場の方で，てんでんこに逃げるから，あなたも，学校で，てんでんこに逃げて」と子どもに約束し，親はその約束をたしかに実現してくれると子の側が信じることができるからこそ，ボク，ワタシも逃げることができるという信頼の関係構造である。

だから，一見，子（自分）の主体的・能動的避難と見える「津波てんでんこ」に依拠した避難行動も，実は，親（他者）から与えられた避難の確約とそれに基づく指示（「あなたも逃げて」）によって，従属的・受動的に引き起こされていると見ることもできる。もちろん，このような約束を，子（自分）が親（他者）と積極的に交わしている点に着目すれば，子（自分）が親（他者）に対する受動的従属それ自体を主体的・能動的に選びとったとも言える。

いずれにせよ，それぞれが「てんでんこ」に逃げる（ことを約束して実施する）という状況は，実際には相当入り組んだ事態であり，単なる能動，単なる受動のいずれかに分類することなどできないことだけは，たしかである。しかも，今，子に定位して（子を自分として）見てきたことが，そっくりそのまま，親の方に定位して（親の方を自分として位置づけて）も言える。「てんでんこ」による津波避難は，能動・受動の錯綜が，しかも二重化された，まさに中動的な事態として生じていると見ることができる。

「津波」-S-1　ナッジ or ジャッジ—それが問題だ

最近，防災業界，特に，避難に関する問題で，ナッジ（nudge）と呼ばれるアイデアが話題になることがある。ナッジとは，「複数の選択肢がある状況で，強制はしないかたちで，しかし特定の選択肢をとることを無理なく導くための働きかけや仕掛け」といった意味である。ナッジ概念の提唱者自身が好んで用いる事例としては，男性トイレの小便器に描かれている虫のマークがそうだ。「一歩前に」，「きれいに使ってください」といったメッセージや，便器そのものの形状の工夫などより効果が高いのだそうだ。

ナッジに注目したいのは，防災業界がこれまで，あまりにジャッジ（情報と判断）に固執してきたからだ。たとえば，研究者たちは，迅速な避難を実現するために，大変生真面目に住民のリスク認知や防災意識を高めようとしてきた。合理的なジャッジの結果として避難を引きだそうとしてきたのだ。

しかし，よく考えてみると，著名な避難手法の多くは，ジャッジというよりナッジに依拠してる。たとえば，著名な「稲むらの火」の逸話がそうである。津波の兆候を感じた村長が，収穫を終えた田の稲むらに故意に火をつける。「火事だッ！」と海岸にいた村人たちは一斉に高台に駆け上がる。リスク認知も糞もない。極論すれば騙し討ちである。また，［津波-T-8］で触れた「津波てんでんこ」も，情報や状況判断（まさに，ジャッジ）だけに頼ることなく，相互の信頼関係というかたちで個々バラバラに逃げざるをえない状況を予め作るための仕掛け，つまり，すぐれてナッジ的である。

防災業界は横文字の新物に弱い。「目新しいものが出てきた！」に飛びつくというのではなく，これまでにもあった手法に組み込まれていたナッジ的要素にしっかり目を向けることが重要だろう。

「津波」-S-2　クロスロード大洗編

茨城県大洗町。2011 年 3 月，大きな津波が押し寄せた町の 1 つである。しかし，1 つには東北各県の惨状に隠れるかたちで，もう 1 つには，必死の避難によって津波による人的被害が生じなかったために，津波の被災地というイメージは強くないかもしれない。しかし，大震災後，主力産業である観光業と水産業が福島原発事故に伴う「風評被害」の影響もあって大打撃を受ける。

あるご縁から，筆者の研究室は，この大洗町における復興プロセスに関わることになった。その際，中心的なツールとして活用したのが，「クロスロード」［地震-T-1］であった。特に効果的だったのが，被災者が自ら制作した「クロスロード：大洗編」という手作り教材であった（李ら，2019）。「クロスロード：大洗編」には，たとえば，「あなたは被災地のお土産屋さん。観光客を呼び込むために，イベントを企画しマスメディアでも報道してほしいと思っている。しかし，取材記者は，このイベントを『風評被害』の視点から報道したいと言っている。取材を受ける？」など，復興の当事者である住民が直面した課題を住民自らの言葉で表現した設問が多数盛り込まれている。

これは，被災者による「当事者研究」（浦河べてるの家，2005）とでも称することのできる取り組みである。これによって，よい意味で，当事者と目前の問題の間に距離が生じる。つまり，一方に「問題」について主体的に考える住民が生まれ，他方に当事者とは切り離された客体的な対象としての「問題」が可視化される。「クロスロード：大洗編」の設問を自ら考え，仲間と議論するというプロセスが，主体的な問題解決を中核とした当事者本位の災害復興の一助となっているのだ。

「津波」-S-3　児童館という舞台

津波防災に限らず，防災・減災の舞台としては，ふつう地域・家庭・学校などが想定される。そんななか，エアポケットになるような時空間が存在する。時間で言えば，通勤・通学時間帯などがそうだろうし，場所で言えば，ここで紹介する児童館などがそうである。

児童館は，児童が，放課後，帰宅までの時間を過ごす施設であるため，学校にも，家庭にも，地域社会にも直接的には所属しない独自のポジションを占めている。しかし同時に，そのすべてと関係を有しているという意味で，児童館は，学校・家庭・地域を結ぶ「結節点」ともなりうる。つまり，児童館は，それぞれの個別主体による防災活動の「空白点」になる危険性をもちながらも，逆に，関係主体の連携を担う重要な「結節点」にもなりうる。「結節点」として機能すれば，それぞれ単独では達成しがたい防災上の効果も期待できる。従来から重視されてきた学校・家庭・地域の「連携」による防災を推進するエンジンにもなりうる。

筆者は，こうした視点に立って，高知県黒潮町大方児童館を舞台に，３年以上にわたって長期的なアクションリサーチを実施してきた（岡田・矢守，2019）。多くの課題を抱えつつも，「逃げトレ」を活用したユニークな検証実験［津波-G-1］や，地域の大人と協力した避難訓練など，連携の成果もあがってきた（図 3-12）。

図 3-12　児童館と地域社会との共同避難訓練（高知県黒潮町）

「津波」-S-4　海山連携による防災

津波避難では，津波の脅威から緊急的に身を守るための一時避難場所から，中長期的に避難生活を送るための（二次）避難所へと移動するケースが十分に想定される。特に，津波到達までの余裕時間の少ない地域では,「身一つで高台まで逃れるのが精一杯」というところも少なくないからだ。

この状況を想定した訓練も始まっている。高知県黒潮町佐賀地区では，津波による主要道路の寸断を前提に，山伝いの間道で，佐賀地区から二次避難所となる施設がある伊与喜地区までおよそ4.5kmの道のりを徒歩で避難する訓練を，両地区の住民が連携して実施した。訓練には地元の中学生も参加している。

さらに，移動後は，共同で避難所を設営・運営する訓練も実施している。これとは反対に，中山間地に位置する伊与喜地区が，土砂災害等で被災するケースも想定され，そうなれば，佐賀地区が伊与喜地区に手を差し伸べることになろう。

実際，このような海山相互連携―「海」は「山」を助け,「山」は「海」を助けるための連携―のための仕組みは，他の市町村でも見られる。たとえば，大槻知史さん（高知大学准教授）は，高知市内の下知地区（海）と仁淀川町（山）との間で，つまり，市町村を越えた，より大きなスケールで海山連携を展開している（高知市下知地区，2017)。住民間の事前の相互訪問を通した「ふだん」の交流と「まさか」のときへの備えの一挙両得を目指したユニークな取り組みである［地震-T-6]。

「津波」-S-5　個別収納ボックス

災害時のために数日分は水や食料などを備蓄しておきましょう。当然のように呼びかけられている防災対策だが，落とし穴もある。たとえば，津波被害が想定される地域では，仮に想定通りのことが起こった場合，そのときに持ち出せた品物以外は流出してしまう危険を考えねばならないだろう。

「自宅にあってもダメだ，逃げる先に置いておくべきだ」。そう考えて，すでに実践している地域がある。高知県黒潮町では複数の地域で，避難タワーや高台の避難場所に設置された防災倉庫の中に，世帯ごとの個別収納ボックスを準備・設置する取り組みを進めている（図3-13）。ボックスの中身はさまざまだ。ある世帯は家族の常備薬や予備の眼鏡，また別の世帯は思い出の写真など，思い思いの品物が収納されている。季節ごとに中身を入れ替える地区もある。

防災倉庫があって，その中に，行政が水や毛布など定番アイテムを備蓄する。ここまではよくある話だが，その先が重要である。個別ボックスのアイデアを提案したのは住民，収納ボックスを納める倉庫を設置したのは行政である。「行政と住民，どっちの仕事だ，責任だ」などと言っていないで，お互いが「ワンステップ・フォーワード」［地震-T-5］する。実に見事なコラボレーションである。

図3-13　個別収納ボックスが整然とならぶ防災倉庫（高知県黒潮町）

■コラム３　新語・流行語で振り返る2019年

「平成」が幕を下ろし『令和』の時代を迎えた2019年を，新語・流行語大賞にノミネートされた『30語』すべてを使って振り返ろう。この年も災害が相次いだ。某環境大臣の『セクシー発言』で注目された地球規模の気候変動のためか，『ハンディファン』で猛暑をしのいでいたら，『れいわ旋風』だけでなく本物の台風が吹き荒れた。『4年に一度じゃない，一生に一度』程度だと思っていた巨大災害が，毎年のように発生する時代になった感がある。

しかも，グローバルな気候変動に，それを免れる『ホワイト国』などあるはずもなく，同時に，『翔んで埼玉』みたいに，どこかの地域だけを特別扱いしてくれるわけでもない。このまま手をこまねいていると，『MGC』（マラソン・グランド・チャンピオンシップ）を彷彿とさせる最終決戦のような超巨大災害が起きて，私たちの大切な生命・財産が根こそぎ『ジャッカル』されるのではないか。そんな不安に苛まれる。

三十六計逃げるに如かずとばかり避難を開始しても，『おむすびころりんクレーター』ではないが，各所に落とし穴が潜んでいる。台風19号災害では，不幸にして，車で避難中に犠牲になった方々もいた。だから，「かえって混乱を招く場合もある」など賛否両論あるものの，鉄道会社の『計画運休』を有効利用して，無闇に外出しないというのも１つの考えだろう。

さて，迫り来る災害から身を守るための最後の砦，それが避難所である。しかし，安全快適であるべき避難所について，今年も多くの課題が指摘された。体育館の硬い床，空調がきかず段差のたくさんある空間―高齢者や障がい者ならずとも，あまりに『#KuToo』だとの反省だ。

避難所の運営については，これまでの常識・慣行を思い切って見直し，「そこまでするのはちょっと…」といった奇抜なアイデアも含めて，抜本的に変革する必要があるのかもしれない。たとえば，避難所で，冷たい弁当ではなく『肉肉しい』ステーキがふるまわれ，おまけに，食後には『タピる』ことができれば，多くの人が早めに避難しようと思うだろう。

さらに，BGMに『パプリカ』がかかり，子どもたちは『ドラクエウォーク』はじめゲームを楽しむこともできる。非常のときではあるが，いや，非常時だからこそ，『笑わない男』までが思わずにっこり微笑んでしまうような雰囲気作りが大切なのかもしれない。そんな雰囲気があれば，みなが『One Team』となる避難所が生まれるに違いない。突飛押しもない考えかもしれないが，それで，防災の『にわかファン』が増えてくれるなら，それもよいではないか。

避難所に持参する非常持ち出し品の準備，あるいは，避難所の設備・備品の整備にも，さらに一工夫必要だろう。「しっかり備えておきましょう」とお決まりのフレーズを繰り返しているだけでは，事は前に進まない。今年話題になった『キャッシュレス／ポイント還元』，そして，『軽減税率』などの恩恵は，防災グッズにこそ頂戴したいものだ。また，『闇営業』風の怪しげな商売はごめん被りたいが，これまた話題の『サブスク』，『○○ペイ』など新たなサービス形態も導入して，防災グッズを備えやすい仕組みを整えていく必要もあろう。自動車の運転には『免許返納』があっても，命を守る備えは一生続くのだから。

99回空振りになっても，それでも，次も避難する。『後悔などあろうはずがありません』―『スマイリングシンデレラ』とともに笑顔で，この一言を発することができるように，どうかみなさん，『命を守る行動を』。次は，『あな番』です。

第4章

災害心理

「わかったつもり」の一歩先

「心理」-G-1　何とかバイアスでわかった気にならない

心理的理解への執着

何かを理解するとはどういうことだろうか。この問い，つまり，理解を理解することは，結構難しい。まず，理解にはいろいろなあり方があること，しかも，どのあり方が好まれるかについては，時代や社会によって変わることをおさえておこう。たとえば，「水」は，かつては，万物を構成する元基として全体構成的に理解された。現在では，酸素と水素の化合物として要素分解的に理解するのが正統的かもしれないが，この理解は自然科学という限定した領域における特殊な理解でもある。むしろ，日常的には，「災害に備えて3日分は備蓄を」とか，「冷却水が原発の安全運転の生命線だ」とか，あるいは，「津波にせよ，洪水・氾濫にせよ，水の制御が防災の鍵」など，用在的に（人間に対して有する正負の役割の観点から）理解される方がふつうであろう。

理解の多様性についてこのように理解すると，防災・減災について理解するにあたって，現在，私たちが，異常なまでに心理的理解（説明）—何らかの心のメカニズムを通した理解（説明）—を好み，それに執着していることがわかる。他にも理解の仕方（説明の方法，わかり方）はあるはずなのに，心の機構に基づいて説明されると，なぜか著しくわかった気になり，納得感が得られる。

言うまでもなく，これは，現代の日本社会が，心を通して森羅万象を理解しようとする「心理学化する社会」であることの表れである。実例は枚挙にいとまがないが，さしあたって，「××バイアス」，「××効果」，「××感」といったワードはすべて「心理的理解」のための装置であること，そして，その極めつきが，「××意識」，「××心理」という言葉遣いであることを指摘しておこう。

興味深いのは，こうした「心理的理解」は，完全なトートロジー（同義反復）で，何の説明にもなっていないのに，それによって理解できたという感覚が得られるという事実である。

「なぜこんなに逃げないのか？」，それは〈自分だけは大丈夫だと油断していた〉からなのだが，「正常性バイアスのためだ」と説明されると納得してしまう。しかし，「正常性バイアス」は〈括弧内〉に示した子どもでもわかることの単なる同義反復である。

「どうして避難指示が出ていたのに逃げなかったのか？」，それは〈前回避難指示が出たのに何も起きなかった〉からなのだが，「狼少年（空振り）効果のためですよ」と説明されるとわかったような気になる。しかし，「狼少年効果」は〈括弧内〉に示した最初から知っていたことの単なる同義反復である。

「なぜ，あの集落では奇跡的に全員が避難できたのか？」，それは〈住民が相互に助け合う関係を築いていた〉からなのだが，「事前醸成されていた共助意識が功を奏した」と説明されると理解できた気になる。しかし，「共助意識」も〈括弧内〉に示したすでにみなの常識になっていることの単なる同義反復である。

社会的表象理論

モスコビッシの社会的表象理論が指摘する通り，人間にとっては，ある対象が十分に言語化できない何か（“something in the world”）という状態にあることが最大の恐怖である。そこに言葉を充当することができれば，—それがどんなに恐ろしい意味をもった言葉でも—ひとまず安心が得られる。これは，得体の知れない空気が，「幽霊の正体見たり枯れ尾花」として同定されるや否や，ほっとするのと同じことである。

このことは，防災の分野では，［前著－人 6］で触れた「天譴《てんけん》論」（災害を堕落した人間や社会に対する天罰と見なす思想）を通すとわかりやすいだろう。災害に関する自然科学の知識（理解の枠組み）が欠落していた時代，平穏な生活を突如かき乱す天変地異は，さしあたって，説明不能の，言語化できない何かとして現れたはずである。天譴論は，この得体のしれない恐怖（“something in the world”）に対して充当された言葉である。要するに，天罰だから怖いのではなく，天罰という言葉が与えられることによって，逆にひと安心できるのである。なお，天譴論を，天譴効果，天譴バイアス，天譴意識など「心理的説明」風に命名しても，上の説明がそのまま成立することにも注意したい。

上で例示した「なぜ？」，「どうして？」という「謎」に対する常識に依拠した〈常識的な説明〉も，たしかに理解の一種ではある。しかし，人びとの不安や苛立ちを十全に解消する説明たりえておらず，「謎」は“something in the world”に近い状態で放置されている。そこに充当されるのが，「正常性バイアス」などの心理学用語群である。要するに，「心理的説明」は，「天譴論」による理解（説明）と構造的に何ら変わらない。「天罰だ」は，いかにも前近代的，非科学的な印象を与えるが，一見現代風の装いをもった「心理的説明」も，それとまったく同型的なのだ。

先述の通り，「心理的説明」は，ロジカルにはトートロジー（同義反復）である。それによって，何かが明らかになるわけではない。では，何の意味もないのかと言えば，そうでもない。これらの用語は，“something in the world”に対する茫漠たる不安に当事者たちが与えた仮初めの説明に加えて，当事者たちの世界にはなかった新たな理解・説明を付与し，“something in the world”を，より輪郭がクリアな対象として日常世界に明確に位置づけるという立派な社会的機能を果たす。

真の解決を阻む偽の解決

ただし，ここに重大な落とし穴が存在する。「天譴論」に依拠して，突然の大地の揺れとそれによる甚大な被害という「謎」を苦し紛れに理解した過去の人びとが，それによって，直面する課題（地震による被災）を実質的に解消できたわけではなかったのとまったく同様に，「正常性バイアス」に依拠して，「なぜこんなに逃げないのか？」という「謎」を苦し紛れに理解した現代の人びとも，それによって，直面する課題（避難の低調という課題）を実質的に解消するには至っていない。ここがポイントである。浅い理解・説明は深い理解・説明を阻み，また，偽の課題解決は真の課題解決を妨げてしまうのだ。

では，「心理的説明」が浅い理解，偽の課題解決なのだとして，深い理解，真の課題解決とはどのようなものか。残念ながら，その点について十全に論じる紙幅が本書にはない。ただし，筆者は，「心理的説明」のいくつかについて，それを見直し，真の課題解決を導くための考察や実践をすでに多数開始しており，本書や前著でもその一端には触れてきた。

たとえば，“空振り”（オオカミ少年効果・バイアス）に代えて“素振り”と呼ぼうとの提案がそうである［豪雨 -G-2］。また，「正常性バイアス」についても，その言葉をあてがって，逃げない理由について「わかった気」になっているよりも，「心配性バイアス」を効果的に機能させて，逃がそうとする人と逃げる人のセットを作ろうと呼びかけてきた［前著 - 人 1］。さらに，「自助・共助・公助」についても，［地震-T-5］で，このフレーズを無反省に使うことは，かえって，防災や減災の責任範囲や役割分担の固定化を引き起こしていると指摘し，関係者がそれぞれ「ワンステップ・フォーワード」するための仕組みを各所で提案してきた［津波-S-5 など］。併せて参照されたい。

「心理」-G-2　コロナ禍での学び

「日常」と「災害」の両にらみ

防災・減災の鍵は，「ふだん」（日常）と「まさか」（災害）との接点づくりなのに［地震-T-6，津波-T-4など］，私たちは，「ふだん」と「まさか」を分割したがる。今はどちらなのか白黒はっきりさせて，というわけである。災害モードへの「切り替え」，災害対策本部や復興支援室の「設置・解散」といった表現が，この分割を象徴している。新型コロナウイルス感染症に関する政府の「緊急事態宣言はいつ発表されるか（解除されるか）」に大きな社会的関心を集まる（集まった）のも，このためである。

「日常／災害」が確定されれば，それなりの経験が蓄積されているが，両方が混じった状態を「両にらみ」［地震-G-1］でマネジメントするためのノウハウは，日本社会には不足気味である。しかし，コロナ禍については，仮に爆発的な感染蔓延（黒）を食い止めたとしても，「安全宣言」を伴った完全な終息（白）までには，少なくとも数ヶ月以上，おそらく数年を要するとの見方が支配的である。だから，私たちには，今，白でもなければ黒でもない状態，つまり，まったくふつうの日常ではないが全面的な危機でもない状況を，日常生活を「スローダウン」させながら生きるための知恵と姿勢が求められている。

実際，この1年，「先がまったく見通せない」なかで，感染予防と日常生活の「両にらみ」をベースにした「スローダウン」に私たちは何とか耐えてきたとも言える。たとえば，ふだんなら学校給食に供給する食材を宅配に転用するといった方策，客足が遠のいたホテルの部屋をテレワークの場所や災害時の避難場所として活用するアイデア，インターネットを活用したビジネス・教育・娯楽活動の拡充など，「スローダウン」を生き抜くための知恵と工夫が，ギリギリの試行錯誤から生まれつつある。

「両にらみ」の重要性は，緊急時のマネジメントだけでなく，災害からの復旧・復興期でも変わらない。つまり，「今日（今年）までは災害復興の時期です，明日（来年）からは前だけを見ていきましょう」という姿勢もまた，「日常／災害」の「両にらみ」を放棄する姿勢の表れである。実際には，災害復興の過程でも，「白／黒」をはっきり分けることは困難だし，またそうすべきでもない。しかし，災害から5年，10年など，周年を機になされるある種の「区切り」の作業によって，災害は過去へと放逐され，よい意味での「両にらみ」が失われる場合も少なくない。

たとえば，災害公営住宅（復興住宅）の整備が完了することで，あたかも入居者が完全に「日常」に回帰できたかのようなイメージが形成される。その結果，よい意味で「災害」があとを引き，支援者による見守り活動が行われるなど「両にらみ」が残っていた仮設住宅よりも，より多くの高齢被災者が復興住宅で孤立するなどの問題が生じることがある。この問題は，阪神・淡路大震災，東日本大震災でもそうだったし，他の被災地でも散見される。

「被災した建物の跡地に新しい商業施設が完成した。まちの賑わいが戻るぞ」。もちろん，それもよい。しかし，「何年経っても，あの日から時が止まったままだ」と訴える被災者の方もいる。両面を合わせ呑み，「スローダウン」ならぬ「ペースアップ」の速度を柔軟に調整した災害復興が求められる。

「アフター・コロナ」ではなく「ビフォー・コロナ」

世界的に高名な批評家スラヴォイ・ジジェクが，コロナ禍について論じた著書（『パンデミック：世界をゆるがした新型コロナウィルス』）で，非常に重要なことを指摘している。「鄧小平の改革以前にこれが起こっていたら，その話を耳にすることすらなかったのではないだろうか」（ジジェク，2020，p.47）。

仮に，今，私たちが新型コロナウイルスと呼んでいるウイルスが，それまでの棲み処から離れて人類とファースト・コンタクトをもってしまったとしても，その彼（女）の生活圏が局所的に限定されていれば，言いかえれば，今日のような「グローバル社会」が成立していなければ，さらに加えて，世界中の出来事が直ちにすべて耳に届くような情報化社会が成立していなければ，私たちは，新型コロナウイルス（が，ある国のある集落で感染症を引き起こしていること）を知る由もなかっただろう。そして，それが世界的に蔓延することもなかっただろう。逆に言えば，局地的な感染を引き起こすだけでどこかに消えていったウイルスもかつて無数に存在したはずだ。

この種の思考実験は，一見，「そんな仮定法は虚しい繰り言に過ぎない」と思える。しかし，そうではない。いくつもの重要な示唆を含んでいる。特に次の２つのことが大切である。第１は，今，私たちは，「アフター・コロナ」，「ウィズ・コロナ」と騒いでいるが，本当に大事なことは，「ビフォー・コロナ」，「プレ・コロナ」の方に隠れている，ということである。

もう少し丁寧に言うと，今はたしかに「アフター・コロナ」であり「ウィズ・コロナ」であるが，同時に，今は，現時点ではまだ耳にすることすらない何か（X）に対する「ビフォーX」や「プレX」にすでになっているはずである。「アフター・コロナをどう生きようか」と思い悩み立ち向かうことはむろん大事なことである。しかし，真に「コロナに学ぶ」とは，本来，「ビフォー・コロナ」において，私たちが何をし損ねたのか，何をどう見誤ったのかについて問い直すことである。その作業こそが，今どこかに，すでに存在している次の潜在的な脅威，つまり，上の何か（X）に対して賢く備え，コロナの二の舞を避けることにつながるからである。

第2のポイントは，コロナについて上で書いたことは，原則として，そのまま防災・減災にも該当するということである。実際，ジジェク自身，上の引用の直前にもう1つ，こんな事例を提示している。2010年のアイスランドにおける火山噴火である。この噴火は，欧州圏のほとんどの空の交通を麻痺させたことでよく知られている。しかし，ここで，コロナと同様にこう考えることができる。この噴火が1世紀前だったらどうだったかと。おそらく，あの程度の規模の噴火は，アイスランドの地理的環境も手伝って，地元の人びと以外は気づくことすらなかったかもしれない。

サイエンスやテクノロジーの力を武器に，数世紀前とは比較にならないほど劇的に自然に密着する一方で，ときに，自然のきまぐれやゆらぎから致命的な悪影響を受ける社会を，私たちは作りあげてきた。たとえば，「奥地開発」の名のもとに無数の未知のウイルスとのコンタクトポイントを増やしたり，堤防というハードを獲得してかつての氾濫常襲地に住宅地を造成したり，陸上での通常の生活にはほとんど影響しない上空での微粒子の混入に多大な影響を受けるが，他方でとても便利な航空機という移動手段に大幅に依存した生活を送ったり，というわけだ。

コロナ禍が有するこの構造，つまり，自然と人間の勝負に，人間が圧倒的に勝利しかけているがゆえに時に生じる打撃，しかも，いったん生じるとそれまでのささやかな勝利などすべて吹き飛んでしまうような破局的な大打撃を自然の側から喰うという構造は，かつて，ベックやルーマンといった社会学者が「リスク社会論」として提起・警告した構造でもある。そして，これは，総合的な防災・減災研究が，今こそ正面から取り組まねばならない，きわめて重要な研究課題である。

「心理」-G-3　危機管理―語源を訪ねて

ある対象の本質は，それをめぐる具体的な課題やホットな論争などより，その対象を指す言葉，特に，その語源にクリアに表現されている場合が多い。ここでは，この戦略で「危機管理」に迫ってみよう。取り上げる言葉は，「危機」（クライシス，crisis），「管理」（マネジメント，management），そして，「リスク」（risk）である。「リスク」を加えたのは，「クライシス・マネジメントとリスク・マネジメント」といった表題のもとで，両者の違いや包摂関係についてしばしば議論されているからである。

「危機」（crisis）

「危機」に相当する英語 crisis の語源は，「決定・選別」を意味するギリシャ語の Krinein，そこから転じたラテン語の Krisis（「転換点，転機」）に求めることが一般的とされる。ここで注目されることは，これらの用語自体には，「悪い（方への）」というニュアンスがまったくない点である。たとえば，これらの用語は，「プロジェクトも胸突き八丁に，あと少しで大願成就」とか，「病状が峠を越える」といった状況にも使われてきた。要するに，「危機」は，「今が決定のしどころ，ここが運命の分岐点」という，重要ではあるが中立的な状態を意味しているのであって，それ自体に「大変マズイことになってしまった…」という意味は含まれていない。この点が，「危機」の語源探索から学ぶべき最大の教訓である。

「マネジメント」（management）

「マネジメント」については，その動詞形である manage の語源について検討しよう。manage は，慣用的には，「管理する」，「経営する」，「統率する」などの意味で用いられるが，元来，「何とかする」，「自分なりに乗り切る」という，いささか頼りない語義をもつ。たとえば，英語のネイティヴスピーカーは“I can manage”というフレーズをしばしば口にする。一人で遊びに出かけるという外国人来訪者に，「大丈夫？　駅での乗り換え，わかる？」と尋ねたときなどに，このフレーズがよく返ってくる。語源をたどると，イタリア語の「manus」に行き当たり，これは，「手で扱う」，「家畜を手で馴らす」という意味らしい。

現在の語感からすると，マネジメントには，「不安定」よりは「安定」，「個人的」よりは「組織的」，「混沌」よりは「秩序」，「応急的」よりは「恒久的」，「場当たり的」よりは「計画的」といった形容がフィットする。しかし，その本質は，真逆の側にある。つまり，苦境に陥っても，また少々自信がなくても，直面する課題を，他の人の「手」に委ねず，自分の「手」を直接下して，「どうにかこうにかやりぬく」こと，これがマネジメントの中核だということである。

「リスク」（risk）

「リスク」（risk）については，「危険（danger）」との相違をおさえるのが早道である。英語の risk は，イタリア古語の「risco」に端を発し，これは「あえて〜する」という意味の単語 risicare と関わりがあり，この語には，古くは「断崖をぬって船を操る」という意味があったという。つまり，danger とは異なり，risk には，危うき対象に対する人間や社会の側の能動的な態度―アブナイってわかってはいるけど，「あえて，リスクをとって〜する」という選択の意味―が込められている。ちなみに，risk という言葉が一般化したのは 17 世紀，大航海時代である。人びとが，あえてリスクをとって船を操ったのは，言うまでもなく，「それでも，胡椒や金銀財宝が欲しかったから」である。

防災業界ではよく引き合いに出される事例を追加しておこう。絶景だけど崖下への転落の危険も秘めている渓谷の景勝地があるとする。日本なら「コレより先，立ち入り禁止」の警告が表示されそうな場所に，米国では「at your own risk」と掲示されていることが多い。「at your own risk」とは，「ここから先も入りたければ，どうぞ入ってください。よりダイナミックな渓谷美を堪能できるでしょう。しかし，その分，転落のリスクも高まります。そのプラスマイナスは，あなた自身で（at your own risk）判断してください」という意味である。

これは，「日本＝お上の（過）保護」対「米国＝自己責任の徹底」の対照を表すエピソードとして紹介されることが多いが，ここでの注目点は次のことだ。リスクとは，人間にはなすすべもない危険，自分の決定や行動とは無関係に降りかかってくる災いのことではなく，何かプラスになるもの（胡椒だったり，絶景美だったり）を得るために，自分が意図して支払う代償のことである。だからこそ，英語で，risk という言葉は take（引き受ける）という動詞と結びつくのである。

守勢の危機管理観でよいか

以上からわかるのは，次のことである。危機管理やリスク管理とは，

> （定義1）のるかそるかの重要な転換点で，「何とかやりぬく」ために，混沌とした状況の中で，自分なりに「手」を下し，自ら「リスク」をとって何ごとかを決定し行動すること

である。「そんなことはわかっていたことだ」との反論があるかもしれない。

しかし，上の定義を，以下の説明と比較してほしい。

> （定義2）マズイ状況になったとき，自分（の会社や学校）にできるだけ火の粉が飛んでこないように，予め計画したプランに沿って，組織的，安定的に事態を管理することで，それ以上，騒ぎにならないように立ち居振る舞うこと

これは，目下，企業や学校といった組織の危機管理が，陰に陽に目指している方向性をシニカルに文章化したものである。この言わば本音に近い危機管理観が，上で見てきた「危機」，「管理」，「リスク」の語源が示唆する本来のニュアンスとは，かなり異なった方向に走ってしまっていることは理解していただけるだろう。

この認識は，こんな思考実験を通しても得ることができる。ここでのテーマである「危機管理」について，連想語テストをしてみたとする。「危機管理」から連想する言葉を自由に思い浮かべてもらうのだ。おそらく，次のような言葉たちがあがってくるに違いない。「マニュアル」，「体制」，「対応フローチャート」，「事例集」など。これらの用語が共通して念頭に置いている危機管理も，明らかに，定義1（「攻勢の危機管理観」），つまり自らリスクをとって決定する危機管理ではなく，定義2（「守勢の危機管理観」），つまり，決定（責任）の余地を最小化する危機管理である。

どうすれば，危機管理本来の姿，つまり，攻勢の危機管理観を取り戻すことができるのか。もちろん，特効薬など存在しない。しかし，「何とかやり抜く」ための決定を自らリスクをとってなすことを強く意識し，それに馴れることを目的とした模擬体験の手段はありうる。筆者としては，たとえば，「避難スイッチ」［豪雨 –T–1］，「逃げトレ」［津波 –G–1］，「クロスロード」［地震 –T–1］などを通じて，ささやかながら，この課題にチャレンジしてきたつもりである。

「心理」-T-1　元号と災害

2019年5月1日,「平成」が新しい元号「令和」へと改元された。『元号』(山本, 2017) によれば, 改元は, 日本初の元号となる「大化」以来, 1400年近くにわたって, 国の繁栄と人々の平安を願って続けられてきた。「令和」は数えて248番目の年号である。

筆者の目を引いたのは, 改元の理由である。現在は, 天皇即位に伴う「代始改元」が定着しているが, 以前はちがった。上掲書によれば,「災異改元」が少なくとも80回程度, 全体の約3分の1を占めているのだ。「災異改元」とは, 地震, 暴風雨, 干魃など, 天変地異による被害や社会の混乱が沈静化することを祈願して改元することである。

「災異改元」がこれほど多数を占めていることは, 裏を返せば, 日本の歴史が災害の歴史だったということである。たとえば, 南海トラフ地震の過去の履歴について,「昭和の地震」(1944年と46年),「安政の地震」(1854年),「宝永の地震」(1707年) など, 年号付きの表現を聞いたことがある方も多いだろう。

このうち, 江戸時代末期の「安政の地震」は, 実は,「安政」ではなく1つ前の1854年 (嘉永7年) に起こっている。異国船の来航や京都の大火などを受けて「災異改元」しようとしていた矢先に, この大地震が起こったのである。この意味で安政は幸先が悪かったのかもしれない。その後も, 翌1855年 (安政2年) に, 飛騨地震, 安政の江戸地震が発生, 56年 (安政3年) には江戸が巨大台風に襲われ死者10万人を数えた。このため,「安政」はわずか数年で「万延」へと再び「災異改元」される。

江戸時代中期の「宝永」も同様である。「宝永」の1つ前は, 忠臣蔵で著名な「元禄」である。元禄文化と称される栄華を誇ったが，1703 年（元禄 16 年），元禄の大地震が発生，江戸は壊滅的な被害を受ける。なお，この地震は震源や規模が大正時代の関東大震災（1923 年）と類似していることでも知られている。

こうした災害を受けて，1704 年，「元禄」は「宝永」へと「災異改元」されたわけだが，上述の通り，そのわずか 3 年後の 1707 年（宝永 4 年），宝永の南海トラフ地震が発生，さらに，その約 1 ヶ月半後には，富士山が大爆発（「宝永大噴火」）を起こした。その痕跡は，美しいシルエットを描く富士山の右肩（静岡県側から見て）のこぶ（宝永火口）として今も見ることができる。

「貞観地震（津波)」という言葉を耳にしたこともあるかもしれない。平安時代前期の「貞観」という元号（859 ～ 877 年）も，特に東日本大震災の後，災害との関係で著名になった。貞観地震は，貞観 11 年（869 年）に，東日本大震災と類似の海底域を震源として発生したと推定される巨大地震である。地震の規模は少なくともマグニチュード 8.3 以上であったとされ，痕跡物調査から東日本大震災に匹敵する規模の津波が発生したとされている。

こうして見てくると，改元もむなしく引き続き災害に見舞われていた時期があることがわかる。言いかえれば，地震や火山活動には相対的に静穏な時期と活発な時期とがある。実際，昭和期，特にその後半の 30 年は地震・火山活動が比較的少なかったが，平成期に入ると，雲仙普賢岳噴火（平成 3 年），阪神・淡路大震災（同 7 年），中越地震（同 16 年），東日本大震災（同 23 年），そして，熊本地震（同 28 年）など大きな地震に相次いで見舞われている。

「平成」には，「内平外成，地平天成」，つまり，国の内外にも天地にも平和と平穏が訪れますようにとの願いも込められていた。国内外の政情について論評する資格は筆者にはないが，少なくとも災害については，「平成」の日本は平穏だったとは言えないようだ。

「心理」-T-2　災害のアニヴァーサリー

9月1日は,「防災の日」である。100年近く前, 1923年（大正12年）のこの日に起きた関東大震災に由来する。同時に,「二百十日」にあたるこの時期は台風シーズンのただ中でもある。地震だけでなく風水害に対する警戒を喚起する意味も込められている。

さて, アニヴァーサリー・ジャーナリズム（記念日報道）という言葉がある。重大な出来事が発生したのと同じ日に, 特に, 10年目とか20年目とか, キリのよい年数のその日に, その出来事に関する報道が急増する現象を指す。たとえば, 東日本大震災で言えば, 毎年, 3月11日前後は大震災に関する話題一色になる。災害発生から10年目にあたる今年（2021年）には, おそらく, いっそう大きく取り上げられることだろう。

しかし, 災害のアニヴァーサリーには光と陰がある。光の側面は誰の目にも明らかだ。災害は非日常の出来事だから,「しっかり備えておかねば」と頭ではわかっていても, 防災のことは, ついつい多忙な日常生活の中に紛れてしまう。だから, 1月17日（阪神・淡路大震災）, 3月11日（東日本大震災）といったかたちで, 毎年思い起こさせてもらうと, 災害への警戒感を呼び戻す機会になる。

陰の側面については, 筆者自身の反省とともに記そう。筆者が, 阪神・淡路大震災の被災者が作る語り部団体の支援をかれこれ20年続けていることについては, [前著 - 地3] や [地震 -S-5] でも紹介した。あれは, 大震災から9年が経過した2004年1月のことだった。語り部団体のメンバーの女性が, 震災で亡くした娘さんを描いた絵本を出版した。

筆者が自分の不明を恥じたのは, 当初,「なぜ, 今年？」と思ってしまったからだ。その頃, 世間は「来年はいよいよ10年目」という空気一色だった。しかし，その女性にとっては，10 年目ではなくその年でなければならない理由があった。亡くなった娘さんは当時，小学 5 年生，11 歳だった。生きていれば，成人するはずの年だったのだ。当時の友人たちが成長し，大学に進学した，成人式では何を着る…こういった話題を耳にするなかで，「娘にも何かしてやりたい」という気持ちになったのだという。

被災者，特に遺族にとっては，その日だけでなく毎日が「被災後」なのであり，また，5 年目や 10 年目だけが区切りなのではなく，それぞれに大切な時期や重要な節目がある。世間一般のカレンダーを押しつけてはならない。アニヴァーサリーは，その当日，あの出来事を思い起こさせる力をもっているが，同時に，当日以外はそれを半ば忘れさせるという副作用ももっている。

アニヴァーサリーを形骸化させることなく，災害と向き合うための機会とするために，こんな工夫もある。あえて，その「前日」に注目してみるのだ［前著 - 地 8］。3 月 11 日の前日の 3 月 10 日，1 月 17 日の前日の 16 日—そこには，翌日，大災害に見舞われるとは夢にも思わなかった穏やかな生活，裏を返せば，災害への油断があったはずだ。ずばりその日（アニヴァーサリー）ではなく，あえて，その「前日」に思いを馳せてみる。そうすると，縁起でもないことを書くようだが，もしかしたら，今日が次の災害の「前日」かもしれないと思えてくる。

そうなれば，たぶん，2 つのことが見えてくる。1 つは，今ここにある日常のありがたさやかけがえのなさである。もしかしたら，平凡で，つまらないとすら思っているこの暮らしが生き生きと輝いて見えてくるだろう。筆者らが推進中の「未来へのメモワール」［津波-G-3］も同じねらいをもっている。もう 1 つは，単純明快である。「そのうち，やろう」と思っていた備えを今日のうちにやりたくなるはずだ。何せ，明日がその日なのだから。

「心理」-T-3 「もう」と「まだ」の綾

私たちはふつう，過去は過去，未来は未来と思っている。つまり，過去の出来事は「もう」済んだこと，未来の出来事は「まだ」起きていないことと思っている。しかし，話はそう単純ではない。なぜなら，過去の出来事について，「まだ」これから何とかなることのように感じることもあるし，逆に，未来の出来事について，「もう」到来したことのように感じることもあるからである。

「サバイバーズ・ギルト」（生存者の罪悪感）という言葉がある。2016年，木曽御嶽山で発生した噴火災害後にも，しばしば取り上げられた。奇跡的に生還した人びとが「私（だけ）が生き残って心苦しい…」などと訴えるのである。この症状の鍵は，過去の出来事（噴火による被災）が「もう」終わったことではなく，「まだ」今からなんとかなることとして現れている点にある。「もう」が「もう」ではなく，「まだ」になっているのだ。もちろん，客観的（第三者的）には，それは「もう」済んだことだが，当事者にはそうなっていないことを理解しなければならない。

ちなみに，災害や事故などが発生した時点へのフラッシュバック（その瞬間のことをまざまざと思い起こす症状）の根底にも，実は，「もう」が「まだ」になってしまう感覚がある。当事者にとっては，その瞬間はもっとも辛い瞬間であるはずだ。それにもかかわらず，そこへと繰り返しフラッシュバックしてしまうのは，その瞬間が「もう」済んだことになっておらず，そこで自分は「まだ」何かをできたかもしれない，つまり，自分や周囲の人の不幸を避けることができたかもしれないと感じているからである。

さて，2011年の福島原発事故後，あの悲惨な事故が「もう」起きてしまった後になって，私たちは，「せめて補助電源だけでも2階にあげておけば」,「老朽化した原発だけでも停めておけば」といった感覚を強くもった。こうした対策は事前には何かと理由をつけて実施しなかったにもかかわらず，事後には実に簡単にできたことのように思えてくるし，実際に 3.11 後，直ちに実行に移されたことも多い。「もう」起きてしまったからこそ，あのとき,「まだ」こんな風にもできたのに…と思えてくるのだ。

反対に,「まだ」来ぬ未来を「もう」起こったことのように感じたり，そう振る舞ったりすることもある。占いやおみくじがそうである。私たちは,「大吉だ，今年は幸先がいい」などと未来を先取りする。「まだ」決まったわけでもないのに，成功や幸福を「もう」約束されたものとして受けとることで，それに向けたモチベーションを高めることもできる。スポーツ選手が，大事な試合の前に,「成功イメージ」を頭に思い描くのも同様である。

考えてみれば，防災計画，被害想定，事前復興計画など，防災業界には，未来の先取り，つまり,「まだ」を「もう」として受けとる時間感覚を基軸とした営みが多い。「まだ」起きぬ災害を「もう」起きたものとして明確にイメージすることができれば，たしかに，それは防災・減災上，大きな力を生み出す。

もっとも,「まだ」を「もう」として受けとめる感性がいいことずくめというわけではない。今から「まだ」何とでもなる未来を「もう」定まったことのように感じることが，将来に対するあきらめ，絶望などを生み，人びとから前向きな努力を奪い去る方向に働くこともあるからである。実際，あまりにも巨大な津波想定を前に,「あきらめ」てしまう人も少なからず存在する［津波–T–4］。

いずれにしても，過去と未来,「もう」と「まだ」をめぐる感覚には一筋縄ではない不思議な綾がある。上手につきあって，肝心なこの今を豊かなものにしたいものだ。

「心理」-T-4 「想定外」と向き合う

私たちは，東日本大震災を契機として「想定外」に対応することの大切さを痛切に感じた。しかし，「想定外」には，そもそも出会うこと自体が，ある意味で非常に難しい。何しろ，何かを想定（予測）した途端に，その何かは私たちの「想定内」に入ったことになる。だから，「何が起こるかを想定（予測）し，それに基づいて対策を考えていきましょう」。こういったごくふつうの道筋では，本当の意味で「想定外」に対応したことにならないのである。

そんななか，「想定外」への対応方針として，現時点で，もっともオーソドックスな方向性と見なされているのが，考えられる限りすべてのシナリオや可能性を考慮しておくという戦術である。「さすがにそこまで極端なシナリオはないのでは」と疑問に思えるようなものも含めて，考えられる限りすべての（特に大きな）地震や津波や台風を想定しよう，最悪の被害想定までしておこう。こういう戦略である。一見，ここには何の問題もないように見える。

しかし，そうではない。こういった戦略には大きな落とし穴がある。少し考えると，こうした戦術は，「想定外」に対応するものというよりも，まったく反対に，むしろ「想定外」の発生を準備しているとすら言えることがわかる。なぜなら，「私たちはすべてのシナリオや可能性を考え抜いたぞ！」という全能感，網羅感こそが，「えっ，今度はそう来たか！」という強い「想定外」（見事に裏をかかれた感じ）を生む条件になっているからである。風船はより大きく膨らんだときにこそ，より盛大に破裂するものである。

だから，対応の方向性を根本的に変える必要がある。「想定外」に直面することがないように準備するのではなく，逆に，より多くの意外な「想定外」に出会うこと，「想定外」をたくさん経験することを目指したほうがよい。それこそが，今はそれがどのようなものかはわからない，本番の「想定外」に対する準備になるのだ。

それにしても，「想定外」に出会うとは，具体的にはどのようなことなのか。「失敗学」で著名な畑村洋太郎氏の著作『未曾有と想定外』（畑村，2012）の中に，「『悪意の鬼』になって，徹底的にどうなったら危ないか…あぶり出す」という手法が紹介されている。何かを想定するたびに，たとえば，「地震発生当日の市内の避難者数は15 万人と予想される，だから非常用食料は…」などと想定が提示されるたびに，「悪意の鬼」の役割をつとめる人が，「しかし，地震当日に台風も一緒に来ていたら…」，「周辺市町村から車で逃げてくる人もいるかも」などと，「ダメだし」をするのだ。

もちろん，この「ダメだし」は，想定を作ってきた人たちの努力をむやみに破壊するためのものではない。そうではなくて，その人たちが，「なるほど，それは見落としていた，その可能性もあるなあ」と，新鮮な「想定外」に出会えるような，前向きで生産的な「ダメだし」が求められる。その意味で，「ダメだし」する側の責任も重大である。

要するに，「過去の経験にとらわれることなく，少々空想的なものまで含めて考えられることはすべて考え抜きましたので，『想定外』はすべて消えました」，この種の宣言は「想定外」への対応になっているどころか，もっとも危険な態度なのである。「想定外」がきれいさっぱりなくなったという理想的な「状態」はどこまで行っても存在しない。こう覚悟を決めた方がいい。健康という「状態」があるのではなくて，健康を維持するための努力（たとえば，運動）を継続することが健康であるのと同様に，目指すべきは，「想定外ゼロ」ではなく「想定外」に直面し続けることである。

「心理」-T-5　スモールワールド

「スモールワールド研究」とは，60年以上も前，米国の社会心理学者スタンレー・ミルグラム（Stanley Milgram）が，「世間って，広いんだろうか，狭いんだろうか」という問題意識をもって実施したユニークな社会実験だ。赤の他人としか思えない2人，たとえば，那覇市内に住む高校生Aさんと，遠く帯広で畜産業を営んでいるBさんに，実験に協力してもらう。Aさんをスタート，Bさんをゴールとして，Aさんの友だち関係だけを頼りに，つまり，友だちの友だちを次々にたどってゴールのBさんに至ろうとすると，いったい何人の友だち（仲介者）が必要か。こういう実験である。

直観的には，数千人，いや数万人を費やしても2人を結ぶことは難しいのではないかと思える。なぜなら，1人の日本人がもつ友人・知人の数は，たいてい数百人程度にとどまるからである。しかも，私の友だちの友だちのことを，私が最初から知っている場合も多い。つまり，私たちの人間関係は自分の近傍で閉じていることが多く（群構造），ネズミ算のようには広がっていかない。

ところが，驚くべきことに，平均わずか6人の仲介者を配置しただけで，広大な米国社会から無作為に選ばれた2人の人間が友だちつながりで結びついてしまうことを，ミルグラムは発見した。このセンセーショナルな発見は，「マジックナンバー6」という言葉まで生み，その後，米国だけでなく日本社会にもこの事実があてはまることが，日本での追加実験を通して確認された。

それにしても，世間は広いのか，狭いのか（スモールワールドなのか）。群構造を作って閉鎖的になりがちな友だち関係を思うと，1億3千万人の日本社会はとてつもなく広いように思える。でも，わずか6人の仲介者によってまったく見知らぬ人同士が知り合えることを示した「スモールワールド研究」の結果は，世間が非常に狭いことを示唆している。

この矛盾の秘密を解く鍵が，ごく少数の「意外なつながり」にあることが，数学的なネットワーク理論を活用した最近の研究でわかってきた。「意外なつながり」とは，友だちの群構造を無視するかたちで連結しているごく一部のつながりである。たとえば，人間関係のほとんどが高校の友人で占められているＡさんにも，あるバンドが好きという縁で仲良くなった知人が東京に１人だけいるとか，その集落で生まれ育ちあまり外には出かけないＢさんも，東京で暮らす中学時代の友人とは今も電話でよく話すとか，そういったつながりである。

こういった意外なつながりが，ごく少数でいいから存在していると，スモールワールド（マジックナンバー６）が実現するというのだ。なお，ごく少数とは，厳密な検証作業によれば，つながり１万個に対して１～２個の割合で十分だという。私たちは，通常，家族や親戚，会社・学校など，群構造をなす比較的閉鎖したつながりのなかで生きている。しかし，そのなかに，既存の群構造を横断するような意外なつながりが少数ではあるが確実に紛れ込んでいる。この種のつながりこそが，表には出ていないが確かに存在する潜在的な人間関係ネットワークとして社会を底辺から支えているのである。

この研究結果は，被災後の社会を考える上でも，大変示唆的である。被災は，同じ町内に住みながら会話したこともなかったけれど「たまたま」避難所で隣り合って…とか，「たまたま」家屋の片付けのボランティア活動で知り合って…とか，「たまたま」町役場の業務支援隊として派遣されたので…といった出会いを無数に生む。これらの出会いは不幸な災害を機縁とするものではある。しかし，それまで縁もゆかりもなかった人びと同士を連結させた「意外なつながり」は，その後も被災地にとって大きな財産となるだろう。

「心理」-T-6　防災教育の成果検証

近年，重要性が強調されてやまない防災教育ではあるが，その多くが，期間にして1週間未満で，かつ単発の短期的な実践と検証にとどまっている。加えて，防災教育の目的として掲げられる「児童・生徒が自分で自分の命を守る力の育成」（文科省）という観点から教育効果を直接的に検証することが困難であることを理由に，短期的な教育実践の（前）後に，教育内容に関する理解度や一般的な意味での防災意識をチェックすること—いわゆる「プレポスト・テスト」—をもって効果検証としている場合が多い。

この現状に違和感をもった筆者らは，高知県四万十町興津地区（興津小学校，中学校）をフィールドとして，長期にわたって（現時点で約15年間）防災教育を実践している。そして，その成果を長期的なスパンでモニタリングする方法を提起している（千々和・矢守，2020）。ここでは，そのいくつかを紹介しよう。

第1は，防災教育が地域社会のハード施設整備に与える影響である。興津小学校では，長年，防災マップの作成を教育の中心に据え，その成果は高く評価されてきた。その一因は，マップ作成にとどまらず，成果が地区の防災施設の拡充に現実に活かされてきた事実にある。具体的には，子どもたちの防災マップがきっかけとなって，老朽化した橋梁が補修されたり，かつて海岸近くにあった保育所と高齢者福祉施設が高台移転されたりした（図4-1）。

第2は，防災教育が地域社会のソフト対策に与える影響である。筆者らは，同地区で，長期にわたって住民の避難訓練への参加データを収集している［津波-T-1］。そのデータを分析した結果，小学生が同居する世帯はそうでない世帯よりも，訓練参加率が統計的に有意に高かった。このことは，子どもの防災知識が増えたといった，考えようによっては，そうなって当然の結果を防災教育がもたらすだけではなく，より広範な影響をもちうることを示している。同時に，「子どもの教育が大人にも及ぶ」といった通説，しかし，これまで明確に検証されていなかった通説を裏づけてもいる。

最後は，防災教育が卒業生や元教員のその後に及ぼす影響である。ここでは典型的な事例だけを紹介しておこう。興津小学校を卒業したXさんは，その後，県下の高校に進学した。高校では，「防災プロジェクトチーム」という活動に参加する。参加理由は「興津小学校の防災教育の影響」（Xさん）だった。高校卒業後，四万十町役場に正規職員として採用され，本人の希望によって防災部局に配属された。筆者らの要請により母校での防災の授業も担当した。

以上の検証作業には不十分な点も残されているとの自覚はある。しかし，次のことだけは言える。たとえ多くのエネルギーがかかろうとも，長期的な視点に立って努力する必要がある。そうした努力を惜しんでプレポスト・テスト（のみ）に依存し，質問紙調査等を通じて容易に測定できる材料だけをもとにした検証は，「科学」という衣を纏った安直・手抜きに過ぎない。

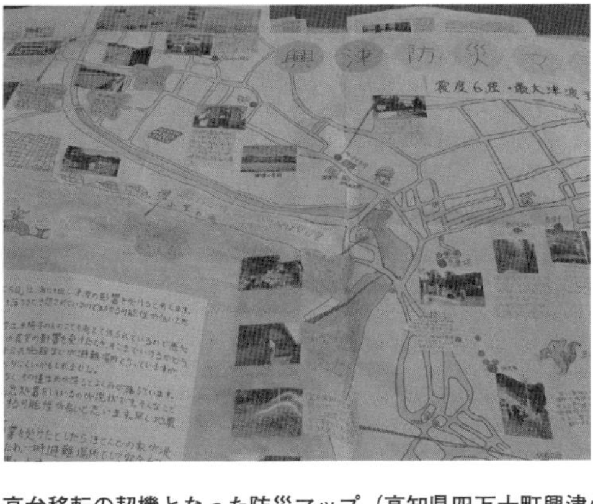

図 4-1　高台移転の契機となった防災マップ（高知県四万十町興津小学校）

「心理」-T-7　立て直し・世直し・やり直し

［前著 - 人8］でも取り上げたように，災害復興について，「立て直し」路線と「世直し」路線とを対照させる考え方がある。著名な精神病理学者中井久夫氏の考えがベースになっている。「立て直し」路線では，災害前の何らかの状態を基準として受け入れて，それに照らして復興の進捗について議論が展開される。多くの場合，被災直前の状態への回帰をプラマイゼロの原点として位置づけ，それよりも「立て直し」が進んだ（成功），あるいは遅れた（失敗）などと評価される。

地震で鉄道が被害を受けたとしよう。被災によって廃線や営業縮小に追い込まれた鉄道が実際に存在する。近年では，高千穂鉄道，鹿児島交通枕崎線などがそうである。他方で，ほぼ元通りに戻った鉄道も存在する。東日本大震災で被害を受けた三陸鉄道がそうである。他方，伊勢湾台風（1959年）で，名古屋線に大きな被害を受けた近畿日本鉄道は，被災を機に，長年の懸案であった名古屋線と大阪線の軌間（レール幅）の不統一を解消する大工事を敢行し，大阪，名古屋間の直通運転を可能にした。この事例は，「拡張・発展的復興（Build Back Better: BBB）」［地震 -G-3］の視点に立てば，災害前からの懸案を一気に片付け，よりよい状態を実現したお手本事例ということになるのだろう。

ただし，この思想には落とし穴もある。「よりよい状態」という言いまわしがくせ者だ。よい悪いについて議論するには，それを判断する「基準」が必要である。先述の通り，通常，被災直前の状態や被災前から存在する計画（先の例では，軌間の統一）が「基準」として採用され，マイナス（廃線になった），原点復帰（元通り復旧した），プラス（軌間統一も追加できた）などと評価される。

しかし，ここには「基準」自体に対する評価，ないし「基準」自体を変えるという発想が欠落している。たとえば，福島原発事故のことを考えてみればよい。災害前の状態，つまり，全国で50基以上の原発が稼働していた状態を「基準」として，復興が遅れている，進んでいるなどと議論している人は，今ほとんどいないはずだ。大多数の人は，その「基準」そのものの是非，つまり，原発を多数稼働させている社会の是非について意見を戦わせている。

「世直し」路線とは，「基準」ありきで，それに照らして，復興が進んでいる，遅れているなどと評価するのではなく，災害前まで自明のものとして受け入れていた「基準」そのものを「見直し」，「練り直し」，場合によっては，抜本的な「出直し」を図ろうとすることである。根本的な社会変革の営みとしての「世直し」の機運は，遠く江戸時代の末期にも「鯰絵」として描かれ，実際，それは，江戸から明治へと至る革命的な社会変化の背景を形づくった。

災害復興の金看板として掲げられることが多い「創造的復興」についても，この意味での「世直し」に比肩しうる水準にまで今後昇華されていくのか，はたまた，「立て直し」路線の優等生の域にとどまるのか。復興論の今後を占う試金石である。

さらに，もう１つ大切なことがある。言葉遊びに聞こえるかもしれないが，それは「やり直し」に対する想像力である。一人一人の被災者，特に，ご遺族は，「立て直し」，「世直し」うんぬんより，できることならあの災害そのものをなかったことにしたい，平穏無事だったあの頃に戻って「やり直し」たい。そんな思いなのではないだろうか。

もちろん，これはできない相談である。しかし，こうした思いを復興論の原点に据えなければ，「立て直し」も「世直し」も，威勢がよいだけのかけ声に終わってしまう。

「心理」-T-8　防災業界の統計数値問題

2019年，厚生労働省の統計不正問題が大きな社会問題になった（が，すでに風化したかもしれない）。混迷を深めるこの問題を見ていて気になったことが1つある。それは，「統計データの信頼性を増す必要がある」あるいは「統計の専門家を拡充せよ」といった論調である。もちろん，これらの主張に同意はする。たしかに，そうだ。

しかし，その前に，もう1つ重要な「そもそも論」があるのではないか。結論を先に述べれば，統計数値に対する「信頼性を増す」以前に，統計数値に対する私たちの「依存性を減らす」ことが先決ではないかと思うのだ。平たく言えば，数値の正確性うんぬんの前に，数値に一喜一憂する悪癖から私たちが抜け出すことが先だということである。

筆者の専門である防災分野を例にとろう。こんな笑い話がある。今，自主防災組織が，防災・減災の柱として重視されている。そこで登場するのが，その組織率や住民参加率という数字である。折に触れて，自治体別の数値が公表されるので，遅れをとっている市町村は沽券に関わるとばかりにてこ入れする。その結果，ある町では，住民参加率がついに100%を超えた。自主防災組織の加入者数が，町の全人口を超えてしまったのである。

体裁より中身が大切なのは，自主防災組織に限らず万事共通である。ところが，組織率，参加率といった統計数字が登場した途端，各所で「何もしなくていいから，お願い，入るだけ入ってといて…」みたいな会話が交わされて，かくの如き事態に立ち至る。実際，かつて大きな災害に見舞われた某自治体の自主防災組織率は非常に高い。しかし，幹部の高齢化・固定化，活動の形骸化・陳腐化など，その内実は問題だらけである。

類例には事欠かない。災害が発生すると，避難率をめぐってみなが右往左往する。特別警報が出ているのに，避難率はわずか1.5%だった，などと。しかし，多くの場合，それは，自治体の指定避難場所に避難した人の数（分子）を，特別警報の発表地域の全人口（分母）で割った数字だ。低地に住んでいるからと早々に親戚宅に身を寄せた高齢者は避難者数（分子）に含まれない。逆に，鉄筋コンクリートの自宅マンションにとどまることがおそらく最善手で避難の必要などない住民も，全人口（分母）に算入される。避難訓練では，訓練参加率に一喜一憂だ。しかし，［津波-T-1］で紹介したように，そもそも避難訓練への参加率と本番の避難行動とは必ずしも整合しておらず，両者の間には「ねじれ」がある。

何ごとかの実態をわかりやすく示し，事態の改善につなげるという触れ込みの統計数字が存在することで，かえって数字に依存してしまう悪弊がここにはある。その結果，多様な個別的ケースをていねいに見つめる作業が疎かになっている。避難訓練で言えば，参加率という数字に気を揉むよりも，「なぜ参加しないのか」，あるいは，「形式的に参加しているだけではないのか」について考えることの方がはるかに重要だ［津波-T-1］［津波-T-3］。

防災業界に見られる統計依存は，言うまでもなく，社会全体のそれと連動している。日本のGDP，××県を訪れる外国人観光客数，わが校の全国学力テストの点数など，数多の数字に私たちは振りまわされて生きている。そして，このトレンドは，「外形的証拠」，「数値目標」，「客観的評価」といった言葉の蔓延と軌を一にして，近年ますます勢いを増している。しかし，数値データへの偏執的依存の背後には，私たち自身の主観的（主体的）な判断の喪失という重大な課題が潜んでいる。主観的な判断イコール悪，数値に基づく客観的判断イコール善—本当にそうか。統計問題は，この根源的問題に立ち返って正されるべき課題である。

「心理」-S-1　「もともと」―コロナ禍の避難

2020年6月，ある防災勉強会に出席した。その日のテーマは，コロナ禍の災害避難であった。聴講していた筆者は，2人の演者が奇しくも同じ言葉を何度も使うことに気づいた。それは，「もともと」という言葉であった。

最初のトークは，避難所の「三密対策」が中心だった。もちろん大切なことだ。しかし，考えてみれば，夏季は食中毒，熱中症対策など，冬季はインフルエンザ対策など，避難所の保健・衛生環境を整えることは，コロナなんてなくても，「もともと」大事なんです。これが，演者が強調した点であった。

2つめのトークは，「多様な避難」がテーマだった。新型コロナウイルス感染を考慮すれば，自宅や親戚・知人宅など，自治体が開設する避難所以外の場所で難を避けることを真剣に検討する必要がある。しかし，これも考えてみれば，「もともと」重要だと指摘されてきたことで，演者は，国も，ずいぶん前から災害避難の指針として提示していたと語っていた。

ということは，コロナ禍は，災害情報や避難行動の分野に，まったく新しい何かをもたらしたわけではないことになる（そういう要素も皆無ではないだろうが)。「もともと」そこにあったのに，見て見ぬふりしていたことを私たちが直視せざるをえなくなっただけのことである。そうだとすれば，こうも言える。コロナ禍で避難について再考するなかで，「これも大事，あれも課題」と浮上してきた問題群は，「三密対策」，「多様な避難」を含め，コロナ禍が過ぎ去ったとしても手放してはいけないのだ。それらは，コロナがあろうがなかろうが，「もともと」大事なことなのだから。

「心理」-S-2 「境界なき災害」—コロナと防災・減災学

全世界を席巻している新型コロナウイルスの感染蔓延は，従来の防災・減災研究がベースに据えてきた3つの大きな理論的前提に対するチャレンジだと見ることもできる。その鍵は「境界なき災害」というフレーズで表現できる（矢守，2020）。

第1は，ハザードマップに典型的に表れているような空間的な境界—「ゾーニング」（zoning）—に立脚した災害マネジメントに対するチャレンジである。第2は，よく知られた「災害マネジメントサイクル」に象徴される時間的な境界—「フェージング」（phasing）—に立脚した災害マネジメントに対するチャレンジである。最後は，専門家対非専門家という役割上の境界—「ポジショニング」（positioning）—に立脚した災害マネジメントに対するチャレンジである。

もっとも，「コロナ以前，ポスト・コロナ」など，出来事の前後に単純な切断を見るのは，社会の深層部で生じている本質的な変化をかえって見逃すことにつながる。実際，上の3つの特徴（3つの境界のゆらぎ）も，コロナ禍においてまったく初めて登場したわけではない。ここ数十年かけて準備され水面下で胎動していた変化が，その土台にはある。

特に，東日本大震災（2011年）の影響は無視できない。風評被害の広がりは「どこまでが被災地か」（ゾーニング）を揺るがし，長期化する経済被害や放射能汚染による将来の健康被害は「いつまでが被災期か」（フェージング）を揺るがし，「想定外」を契機とした専門家不信が「だれが防災について考えるべきか」（ポジショニング）を揺るがしたからだ。

「心理」-S-3　女性からの反撃

「女こどもは，引っ込んでろ」に，どう応ずるか。のっけから行儀の悪い表現で恐縮である。これは，「地区防災計画と女性の視点」と題されたシンポジウムで，フロアの女性からの質問に登場したフレーズである。地域社会での防災・減災活動は，今も男性中心であることが多く，このフレーズを陰に陽に男性側からぶつけられるのだが，どうしたらいいのか。これが質問の趣旨であった。

それに対するシンポジストの回答が，実に多彩かつ印象的で，学ぶところ大であった。手元のメモによれば，応じ方は４つある。第１は，まず「仲間」を増やす。男たちには１人ではなく２人以上で立ち向かえというわけだ。もちろん，仲間は女性とは限らない。第２は，長老を「籠絡」する。既往の男社会には，必ず中心・中枢がある。そこを狙っておだてる。「お願い，みんなに言って聞かせてください」と。従順を装った攻撃とでも言えようか。

第３は，女こどもでよろしくやっている「成功事例」を見せるつける。「うちだけが遅れてるんですよ」という働きかけである。そして，最後は，「それなら，女こどもだけでやらせていただきます」。防災計画の立案にせよ，避難所訓練にせよ，「女こどもは要らぬ」というなら，まったく同じことを女こどもだけでやってしまう。しかも，男たちがするのと同じ日時にぶつけるという戦略である。これには，「なるほど…」と苦笑いするほかなかった。

「小よく大を制す」という。女／男に限らず，何ごとにつけ，周辺／中心，革新／正統，これら２つが衝突するとき，この姿勢はとても大事だと思う。小が大を真似るのではなく，小であるがゆえの輝きをそのままに，空威張りし，硬直し，油断している大なるものを倒す極意と妙味が，そこにはある。

「心理」-S-4 「ポスト・トゥルース社会」における災害流言

自らの生存・生活にとって「重要」なテーマについて「曖昧」な情報しか得られない状況が生じると，その状況に対する不安や正確な情報（ファクト）を求める欲求が，当事者たちによる流言として現れる。この流言論の古典的図式は誠にモダン的で，「トゥルース社会」に長く生きてきた世代には，わかりやすい想定である。

それに対して，「ポスト・トゥルース社会」の流言は，この想定に立脚してないどころか，正反対の性質すらもっている。つまり，「ライオン逃げた」（2016年の熊本地震［コラム1］）に代表される流言は，そもそも，当事者（その生存・生活）にとってまったく「重要」でないテーマについて（も）生じている。「曖昧」性についても，曖昧どころか，ファクトではないことを十分自覚しながらも，あえて，それを信じた体《てい》で，それを信じて振る舞うコミュニケーション（ゲーム）を楽しむ人びとによって「流言」が支えられているふしがある。

「流言」の抑制に効果があるとされるマスメディアによる「打ち消し報道」も，もともと「トゥルース社会」に立脚した行為である。つまり，「ファクトは1つだけですよ」という忠告だから，伝達・拡散というゲームを楽しむ人びとにかかっては，それ自体がゲームの好餌となっていく。つまり，「ほらほら，大人たちがマジになって否定しにかかってきた（笑）」といった扱いを受けるなかで，「打ち消し報道」自体が，疑似ファクト群の1つとして取り込まれ，このゲームの渦中に巻き込まれてしまうわけである。

「ポスト・トゥルース社会」における流言をマネジメントする方法はあるのだろうか。そもそもマネジメント［心理-G-3］という発想自体が時代遅れなのかもしれない。

「心理」-S-5　被災地／未災地交流会

2018年度，筆者の研究室で，一種の「地域間仲人」をさせてもらった。かたや茨城県大洗町，こなた高知県黒潮町である。大洗町は東日本大震災の「被災地」で，黒潮町は南海トラフ地震の危機に直面する「未災地」と位置づけられる［津波-T-4，津波-S-1など］。まず，同年5月に，黒潮町からゲストを招いて大洗町で，次に，11月に大洗町からゲストを招いて黒潮町で交流会を実施した（李，2020：図4-2）。

もっとも印象的だったことを記しておこう。大洗町は大人気アニメ「ガールズ＆パンツァー」の聖地であり，多数のファンが町を訪れ復興にも大きく寄与している。「もし大洗が再び被災したら，彼らは大挙して救援に来てくれるんだろう。こんなやり方があるのかとびっくりした」。これは黒潮町の防災担当者の言葉である。

他方で，黒潮町には砂浜美術館という財産がある［津波-T-5］。砂浜美術館の活動をひと目見て，大洗の人びとは，「Tシャツアート展」や「砂浜図書館」（コロナ禍では三密対策にもなる）などを実現させた。

被災地・未災地交流会は，互いが互いをインスパイアしあって，素晴らしい成果を生みつつある。

図4-2　被災地・未災地交流会（大洗町サンビーチにて）

■コラム4　新語・流行語で振り返る2020年

コロナ一色の1年であった。その意味で，今年の新語・流行語大賞は，あえてノミネートされなかったと想像する「新型コロナウイルス感染症」あるいは「コロナ禍」で決まりである。とは言え，ここでは，恒例により，実際にノミネートされた30の『候補語』を織り込みつつ，2020年の防災・減災，復旧・復興を『総合的，俯瞰的』に振り返ってみよう。

『愛の不時着』を引き起こした竜巻級の台風10号，熊本県を中心に大被害をもたらした「令和2年7月豪雨」など，今年も大きな災害が発生した。発生前に『時を戻そう』としても，残念ながらそれはかなわない。『鬼滅の刃』で災害を根こそぎ葬り去ることもできない。『アマビエ』に災害退散を託すわけにもいかない。「君のドルチェ＆ガッバーナの，その『香水』のせいだよ」と八つ当たりするわけにもいかない。災害には地道な備え，そして早めの避難あるのみである。

今年は，コロナ禍にあって，避難の世界にも『新しい生活様式／ニューノーマル』が登場した1年だった。『クラスター対策』が求められた避難所では，『三密』を回避すべく，パーティションが運び込まれ，「この部屋の『NiziU』は9人まで」などと定員が定められた。『ソーシャルディスタンス』を確保するための対策だ。もちろん，避難所の入口には受付が設けられ，『PCR検査』の結果，感染が疑われる人や『濃厚接触者』は別室に誘導されたり，別の施設に移動したりすることになった。そして，OKが出た人には感染予防策として漏れなく『アベノマスク』が配布された。

コロナ禍で避難所のあり方が多様化したことも重要だ。これまでの「避難と言えば，小学校の体育館」という常識に変化の兆しが出てきたのだ。たとえば，『GoTo キャンペーン』の副産物なのか，避難先として，GoTo ホテルする人，GoTo 親戚宅する人などがこれまでよりも相当数増えた。このままだと近いうちに，避難は『ソロキャンプ』でといったオプションも出てきそうである。逆に，自宅の安全性を確認の上，『おうち時間／ステイホーム』で難を逃れる方法も再評価された。

　他方，大切な日常の防災対策にはコロナが悪影響を及ぼした。感染予防のため，例年のように，みんな避難訓練に『あつ森』というわけにはいかなくなったからだ。しかし，逆風下でも，熱心な人びとは，『テレワーク／ワーケーション』で防災活動を続けた。その結果，『オンライン防災イベント』など新しい工夫も多数誕生した。たとえば，遠く離れた地域に暮らす人びとが，地域色豊かな防災活動を『Zoom 映え』するプレゼンにまとめて相互に披露するタイプのイベントがいくつも開催された。さらに，そうした遠隔イベントを記録した映像がネット上に多数アップされて，以前より情報交換が進んだとの声もある。今に，防災業界にも『フワちゃん』ばりの YouTube タレントが誕生するかもしれない。

　他方で，先述の台風や豪雨の被災地には，『まぁねぇ～』では済まされない，『BLM（Black Lives Matter）』，つまり「被災者の命，生活が大切だ！」と声を上げたくなるような現実があった。窮状の原因の１つは，被災地の『エッセンシャルワーカー』とも言えるボランティアたちがコロナ禍で被災地に駆けつけられなかったからだ。以前助けてもらった『恩返し』のためにとの思いを届けにくかった。『自粛警察』がさらに足を引っぱった。『カゴパク』して乱暴に買い漁るのはいけないけれど，せめて，被災地で必要とされている物資を被災地外でどんどん購入して『ウーバーイーツ』に迅速に届けてもらう仕組みなど整えられないものか。『AI 超え』の頭脳をもってすれば容易に実現できる気がする。

引用文献

【第１章　豪雨災害】

G-1

牛山素行（2020）. 熊本県南部での大雨：降水量・浸水範囲の特徴（速報）YAHOO ニュース（2020 年 7 月 5 日）［https://news.yahoo.co.jp/byline/ushiyamamotoyuki/20200705-00186715/］

G-2

京都新聞（2018）. 早めの避難，母救った　京都新聞（2018 年 7 月 28 日付朝刊）

日本野球機構（2020）.「備えよう！防災デー」を実施［https://npb.jp/news/detail/20200828_01.html］

G-3

本間基寛・佐山敬洋・竹之内健介・大西正光・矢守克也（2019）. アンサンブル予測を利用した平成 30 年 7 月豪雨のポテンシャル評価　京都大学防災研究所（編）平成 30 年 7 月豪雨災害調査報告書　pp. 93–95.

T-1

矢守克也（2018）. 空振り・FACP モデル・避難スイッチ　消防防災の科学, *134*, 7–11.

矢守克也（2020）. 避難学を構想するための 7 つの提言　災害情報, *18*, 181–186.

T-6

竹之内健介・本間基寛・矢守克也・鈴木靖（2021）災害対応の素振り・振返りのための訓練ツールの機能評価—水害を対象とした事前検証を通じて—　災害情報, *19*, 11-22.

T-8

矢守克也（2016）. 言語行為論から見た災害情報—記述文・遂行文・宣言文—　災害情報, *14*, 1–10.

S-3

横尾泰輔・矢守克也（2017）. 東日本大震災の初動報道に関する当事者分析：キャスター自身による分析・調査と実践的考察　災害情報, *15*, 149–159.

【第２章　地震災害】

G-2

USGS（2004）. DYFI official site. United States Geological Survey.［https://

earthquake.usgs.gov/data/dyfi/]

Goltz, J., Nakano, G., Park, H. and Yamori, K. (2020). Earthquake ground motion and human behavior: Using DYFI data to assess behavioral response to earthquakes. Earthquake Spectra. [https://doi.org/10.1177/8755293019899958]

G-3

天野和彦（2019）. 原発事故後のコミュニティ形成に関する実証的研究―川内村コミュニティ未来プロジェクトの取り組みから　日本災害復興学会2019年度鳥取大会予稿集, 45-48.

安藤泰至（2019）. 安楽死・尊厳死を語る前に知っておきたいこと　岩波書店

矢守克也（2020）. シュリンク・シュランク・シュリンキング―縮小の「前」と「後」―　災害と共生, *4*, 11-20.

S-1

磯部洋明（2019）. 宇宙を生きる―世界を把握しようともがく営み―　小学館

【第3章　津波災害】

G-1

「逃げトレ」開発チーム（2014）.「逃げトレ」公式ホームページ　https://nigetore.jp/

杉山高志・矢守克也（2019）. 津波避難訓練支援アプリ「逃げトレ」の開発と社会実装―コミットメントとコンティンジェンシーの相乗作用―　実験社会心理学研究, *58*, 135-146.

G-2

大西正光・矢守克也・大門大朗・柳澤航平（2020）. リグレット感情を考慮した津波避難―リグレットマップ作製の試み―　災害情報, *18*, 59-70.

T-1

矢守克也・浦上涗平（2019）. 津波避難訓練への参加率と実際の災害時の行動の関連性―高知県四万十町興津地区を事例に―　地区防災計画学会誌, *15*, 26-33.

T-2

Nakano, G., Yamori, K., Miyashita, T., Urra, L. Mas, E., and Koshimura, S. (2020). Combination of school evacuation drill with tsunami inundation simulation: Consensus-making between disaster experts and citizens on an evacuation strategy. *International Journal of Disaster Risk Reduction, 51.*

T-8

國分功一郎（2017）. 中動態の世界―意志と責任の考古学―　医学書院

S-2

李　勇昕・宮本　匠・矢守克也（2019）. 当事者研究からみる住民主体の震災

復興—防災ゲーム「クロスロード：大洗編」の実践を通じて— 実験社会心理学研究, *58*, 81–94.
浦河べてるの家（2005）. べてるの家の「当事者研究」 医学書院

S–3

岡田夏美・矢守克也（2019）. 児童館を結節点とした地域防災のアクションリサーチ—高知県黒潮町大方児童館を事例として— 地区防災計画学会誌, *16*, 43–54.

S–4

高知市下知地区（2017）. 下知地区防災計画共通編〔https://www.city.kochi.kochi.jp/uploaded/attachment/70177.pdf〕

【第 4 章　災害心理】

G–2

ジジェク, S.（2020）. パンデミック—世界をゆるがした新型コロナウィルス— 斎藤幸平（監修・解説） 中林敦子（訳） P ヴァイン

T–1

山本博文（2017）. 元号全 247 総覧　悟空出版

T–4

畑村洋太郎（2012）. 未曾有と想定外：東日本大震災に学ぶ　講談社

T–6

千々和詩織・矢守克也（2020）. 長期的な視点に立った学校防災教育の実施と検証に関する試論　災害情報, *18*, 25–34.

S–2

矢守克也（2020）.「境界なき災害」—人文系自然災害科学から見たコロナ禍— 自然災害科学, *39*, 89–100.

S–5

李　勇昕（2020）.「被災地－未災地」の交流勉強会—茨城県大洗町と高知県黒潮町— 災害復興, *8*（4）, 25–26.

初出一覧

初出は下記の通りである。なお，原稿によっては，大幅に修正・加筆したり，逆に，大幅にカットしたり，また他の原稿と融合させたりしている。また，すべての原稿に多少の修正を加えている。

▲豪雨

G1：豪雨災害防災について考えるための3つのキーワード　生活協同組合研究, *540*, 5–11.（2020年）
G2：空振り・FACPモデル・避難スイッチ　消防防災の科学, *134*, 7–11.（2018年）
G3：空振り・FACPモデル・避難スイッチ　消防防災の科学, *134*, 7–11.（2018年），および，避難学を構想するための7つの提言　災害情報, *18*, 181–186.（2020年）
T1：空振り・FACPモデル・避難スイッチ　消防防災の科学, *134*, 7–11.（2018年）
T2：（書き下ろし）
T3：情報の意義示す昭和の風水害　くまにち論壇　熊本日日新聞（2019年6月2日付）
T4：電気依存の利便性見直しを　くまにち論壇　熊本日日新聞（2019年10月6日付）
T5：豪雨災害対策を進めるための3つのブリッヂ　消防防災の科学, *139*, 13–17.（2020年）
T6：避難学を構想するための7つの提言　災害情報, *18*, 181–186.（2020年）
T7：（書き下ろし）
T8：言語行為論から見た災害情報―記述文・遂行文・宣言文―　災害情報, *14*, 1–10.（2016年）
S1：空振り・FACPモデル・避難スイッチ　消防防災の科学, *134*, 7–11.（2018年）
S2：地区防災計画を考えるための3つのキーワード―「避難スイッチ」「セカンドベスト」「空振り改メ素振り」―　2018年度 地区防災計画学会・日本大学危機管理学部共同シンポジウム「西日本豪雨等の教訓と地域防災力・災害復興活動」配付資料（2018年）
S3：変化する災害時の呼びかけ　くまにち論壇　熊本日日新聞（2018年10月7日付）
S4：（書き下ろし）
S5：活断層と遊水池―第19回大会へのお誘い―　日本災害情報学会ニュー

スレター, *71*, 1.（2017 年）
コラム 1：流行語で考える災害への備え　くまにち論壇　熊本日日新聞（2017 年 12 月 3 日付）

▲地震

G1：不確かな確実／確かな不確実―コロナ禍を通した見た臨時情報　地震ジャーナル, *69*, 53–54.（2020 年）
G2：（書き下ろし）
G3：豊かな「縮小・楽着的復興」を　くまにち論壇　熊本日日新聞（2020 年 3 月 1 付）
T1：被災地と未災地の“クロスロード”　くまにち論壇　熊本日日新聞（2017 年 5 月 7 日付）
T2：想定内に備える“本気”の防災　くまにち論壇　熊本日日新聞（2018 年 7 月 3 日付）
T3：特異な顔知り次に備えを　くまにち論壇　熊本日日新聞（2018 年 3 月 4 日付）
T4：震度というものさし　くまにち論壇　熊本日日新聞（2018 年 11 月 4 日付）
T5：責任範囲や分担超えた連携を　くまにち論壇　熊本日日新聞（2019 年 4 月 7 日付）
T6：ふだんとまさか結ぶ台湾防災　くまにち論壇　熊本日日新聞（2019 年 11 月 3 日付）
T7：「元通りにする力」の危機　くまにち論壇　熊本日日新聞（2019 年 2 月 3 日付）
T8：（書き下ろし）
S1：（書き下ろし）
S2：（書き下ろし）
S3：（書き下ろし）
S4：（書き下ろし）
S5：（書き下ろし）
コラム 2：世相と重ねる災害多発の一年　くまにち論壇　熊本日日新聞（2018 年 12 月 2 日付）

▲津波

G1：防災・減災のための心理学（12）：津波避難訓練支援アプリ「逃げトレ」　防災, *424*, 12–15.（2019 年）
G2：（書き下ろし）
G3：巻頭言：「たいせつなもの展」　地区防災計画学会誌, *17*, 1（2020 年）
T1：（書き下ろし）

T2：(書き下ろし)
T3：訓練可能にする「小さな目標」　くまにち論壇　熊本日日新聞（2017年11月5日付）
T4：災害に「も」強いまちづくり　くまにち論壇　熊本日日新聞（2017年7月2日付）
T5：「ない」を「ある」に変える発想　くまにち論壇　熊本日日新聞（2017年6月4日付）
T6：(書き下ろし)
T7：「故郷のために」と誓う高校生　くまにち論壇　熊本日日新聞（2018年5月6日付）
T8：(書き下ろし)
S1：(書き下ろし)
S2：(書き下ろし)
S3：(書き下ろし)
S4：(書き下ろし)
S5：(書き下ろし)
コラム3：災害の一年「命を守る行動を」　くまにち論壇　熊本日日新聞（2019年12月1日付）

▲心理

G1：避難学を構想するための7つの提言　災害情報, *18*, 181–186.（2020年）
G2：アフター・コロナ／ビフォー・コロナ　消防防災の科学, *142*, 22–25.（2020年）
G3：危機・マネジメント・リスク—語源に学ぶ本質　学校運営, *694*, 8–11.（2019年）
T1：「災異改元」が示す災害の歴史　くまにち論壇　熊本日日新聞（2018年6月3日付）
T2：災害記念日報道の光と影　くまにち論壇　熊本日日新聞（2019年9月1日付）
T3：「まだ」と「もう」の不思議な綾　くまにち論壇　熊本日日新聞（2018年2月4日付）
T4：想定外と向きあうとは　くまにち論壇　熊本日日新聞（2017年9月3日付）
T5：「世間」むすぶ意外なつながり　くまにち論壇　熊本日日新聞（2017年10月1日付）
T6：(書き下ろし)
T7：復興論の原点は「やり直し」　くまにち論壇　熊本日日新聞（2018年4月1日付）
T8：統計依存と主観的判断の喪失　くまにち論壇　熊本日日新聞（2019年

3 月 3 日付）
S1：もともと　日本災害情報学会ニュースレター, *82*, 3.（2020 年）
S2：（書き下ろし）
S3：巻頭言：第 5 回大会シンポジウム「地区防災計画と女性の視点」を振り返って　地区防災計画学会誌, *15*, 1.（2019 年）
S4：（書き下ろし）
S5：（書き下ろし）
コラム 4：（書き下ろし）

【執筆者紹介】
矢守克也（やもり　かつや）
1988 年　大阪大学大学院人間科学研究科博士後期課程単位取得退学
博士（人間科学）
現在，京都大学防災研究所巨大災害研究センター教授
主著：『防災ゲームで学ぶリスク・コミュニケーション』（共著）ナカニシヤ出版
『クロスロード・ネクスト』（共著）ナカニシヤ出版
『防災人間科学』東京大学出版会
『アクションリサーチ』新曜社
『巨大災害のリスク・コミュニケーション』ミネルヴァ書房
『被災地 DAYS：時代 QUEST―災害編―』（共著）弘文堂
『現場でつくる減災学』（共編著）新曜社
『天地海人』ナカニシヤ出版
『アクションリサーチ・イン・アクション』新曜社
『Disaster Risk Communication: A Challenge from a Social Psychological Perspective』（編著）Springer

防災心理学入門
豪雨・地震・津波に備える

2021 年 3 月 25 日　初版第 1 刷発行
2023 年 4 月 20 日　初版第 3 刷発行
（定価はカヴァーに表示してあります）

著　者　矢守克也
発行者　中西　良
発行所　株式会社ナカニシヤ出版
〒 606-8161 京都市左京区一乗寺木ノ本町 15 番地
Telephone　075-723-0111
Facsimile　075-723-0095
Website　https://www.nakanishiya.co.jp/
E-mail　iihon-ippai@nakanishiya.co.jp
郵便振替 01030-0-13128

装丁＝白沢　正／印刷・製本＝ファインワークス

Printed in Japan. ISBN978-4-7795-1543-9

事項索引

人名索引

【執筆者紹介】

矢守克也（やもり　かつや）

1988 年　大阪大学大学院人間科学研究科博士後期課程単位取得退学

博士（人間科学）

現在，京都大学防災研究所巨大災害研究センター教授

主著：『防災ゲームで学ぶリスク・コミュニケーション』（共著）ナカニシヤ出版

　　『クロスロード・ネクスト』（共著）ナカニシヤ出版

　　『防災人間科学』東京大学出版会

　　『アクションリサーチ』新曜社

　　『巨大災害のリスク・コミュニケーション』ミネルヴァ書房

　　『被災地 DAYS：時代 QUEST―災害編―』（共著）弘文堂

　　『現場でつくる減災学』（共編著）新曜社

　　『天地海人』ナカニシヤ出版

　　『アクションリサーチ・イン・アクション』新曜社

　　『Disaster Risk Communication: A Challenge from a Social Psychological Perspective』（編著）Springer

防災心理学入門

豪雨・地震・津波に備える

2021 年 3 月 25 日　初版第 1 刷発行

2023 年 4 月 20 日　初版第 3 刷発行

（定価はカヴァーに表示してあります）

著　者　矢守克也

発行者　中西　良

発行所　株式会社ナカニシヤ出版

〒606-8161 京都市左京区一乗寺木ノ本町 15 番地

Telephone　075-723-0111

Facsimile　075-723-0095

Website　https://www.nakanishiya.co.jp/

E-mail　iihon-ippai@nakanishiya.co.jp

郵便振替 01030-0-13128

装丁＝白沢　正／印刷・製本＝ファインワークス

Printed in Japan.　ISBN978-4-7795-1543-9